基于查询转换的大规模RDF数据关键字查询技术研究

林晓庆 著

吉林出版集团股份有限公司
全国百佳图书出版单位

图书在版编目(CIP)数据

基于查询转换的大规模 RDF 数据关键字查询技术研究 / 林晓庆著. --长春:吉林出版集团股份有限公司, 2020.5

ISBN 978-7-5534-9625-2

Ⅰ. ①基… Ⅱ. ①林… Ⅲ. ①数据检索一研究 Ⅳ. ①G254.926

中国版本图书馆 CIP 数据核字(2020)第 069945 号

基于查询转换的大规模 RDF 数据关键字查询技术研究

JIYU CHAXUN ZHUANJUAN DE DAGUIMO RDF SHUJU GUANJIANZI CHAXUN JISHU YANJIU

著　　者　林晓庆
责任编辑　冯　雪
封面设计　王　茜
出　　版　吉林出版集团股份有限公司
发　　行　吉林出版集团社科图书有限公司
电　　话　0431-81629712
印　　刷　长春市昌信电脑图文制作有限公司
开　　本　787 mm × 1092 mm　　1/16
字　　数　148 千字
印　　张　8.25
版　　次　2021 年 5 月第 1 版
印　　次　2021 年 5 月第 1 次
书　　号　ISBN 978-7-5534-9625-2
定　　价　65.00 元

前　言

随着语义 Web 技术的不断发展和应用，万维网上充满了大量可读取、可被机器理解和处理的 RDF 数据，RDF 数据关键字查询问题的研究已经成为当今语义 Web 研究的一个热点。无论是终端用户还是应用系统，都有着对 RDF 数据进行查询的需求。但是，RDF 数据的标准查询语言 SPARQL 对于普通用户来说过于复杂，用户既不了解 SPARQL 查询的语法和语义，更没有掌握待查询的 RDF 数据的模式信息。因此，提出一种基于查询转换的方法来实现 RDF 数据关键字查询，通过将关键字查询转换为 SPARQL 查询，借助现有的比较先进的 SPARQL 搜索引擎对 RDF 数据进行查询。另外，提出两阶段查询优化方法可以对生成的 SPARQL 查询进行处理，以提高查询执行的效率。本书的主要贡献包括以下几个方面：

提出了一种基于压缩实体摘要图的 RDF 数据关键字查询方法。从大规模的 RDF 数据中，提取实体及实体关联，为了方便查询转换，将实体的类型封装在实体节点当中，从而建立了一个压缩实体摘要索引。利用双向搜索算法，在这个压缩实体摘要索引上搜索包含所有关键字实体的子图，即找到对应的查询变量之间的关系，然后将这些子图转换成 SPARQL 查询，最后利用现有的 SPARQL 搜索引擎进行 RDF 数据的查询。

提出了一种基于实体类型关系摘要的 RDF 数据关键字查询方法。通过概括出 RDF 数据实体类型之间的关系，定义了一种面向实体类型关系的摘要索引，从转换的目标对象 SPARQL 的角度出发，该摘要索引的构建利用了 SPARQL 1.1 的属性路径操作符，包括谓语路径操作符、可选路径操作符“|”以及序列路径操作符“/”等。该索引不仅使关键字查询向 SPARQL 查询的转换更为简单、方便以及高效，而且该摘要索引弥补了现有的用于查询转换索引的缺陷，能够完整地概括出 RDF 数据中所有实体类型之间的关系。最后，将在此摘要索引上找到包含所有关键字实体的类型关系的 $top-k$ 子图，并转换成 SPARQL 查询，利用现有的

SPARQL 搜索引擎进行 RDF 数据的查询。

提出了一种利用多索引来实现 RDF 数据关键字的查询方法，事先在 RDF 数据上建立多个索引，用于定位关键字到指定的实体的关键字倒排索引和用于搜索 $top-k$ 子图的 $r-$半径领域索引、r 半径领域内的最短路径索引以及用于子图向 SPARQL 转换的 r 半径领域内的最短属性路径索引。通过这些索引能够快速地进行关键字查询向 SPARQL 查询转换。虽然索引的存储开销较大，不过利用“空间换时间”的思想，很大程度地提高了查询效率。最后，利用现有的 SPARQL 搜索引擎对 RDF 数据进行查询。另外，对本书提出的三种不同的 RDF 数据关键字查询方法进行了分析和比较，分别比较了三种方法用于关键字查询向 SPARQL 查询转换服务的索引、关键字索引、$top-k$ 子图的搜索算法以及用于辅助图搜索的索引结构等。

针对生成的 SPARQL 查询本身所具有的特点，提出了一个两阶段的 SPARQL 查询处理方法，对生成的 SPARQL 查询进行优化处理。第一阶段，把 SPARQL 查询中含有相同变量的联结划分为一块，通过计算每块内选择度来重新排列三元组模式的联结顺序。第二阶段，利用属性路径索引对剩余的联结进行中间结果过滤。不但利用了 RDF 图中的属性路径，而且还考虑了三元组模式中的选择度问题，大幅度地减少了查询在联结过程中产生的中间结果数量，从而改善了查询质量，提高了查询效率。

目　录

第 1 章　绪论 …… 1

1.1　研究背景 …… 1

1.2　国内外研究现状与分析 …… 3

1.3　研究现状分析 …… 6

1.4　课题研究的主要内容 …… 7

第 2 章　相关基础理论 …… 9

2.1　RDF(S) …… 9

2.2　OWL …… 15

2.3　SPARQL …… 17

2.4　实验测试集和评价指标 …… 20

2.5　本章小结 …… 21

第 3 章　基于压缩实体摘要图的 RDF 数据关键字查询方法 …… 22

3.1　查询总体框架 …… 22

3.2　索引结构 …… 23

3.3　关键字查询向 SPARQL 查询转换 …… 28

3.4　实验评估 …… 33

3.5　本章小结 …… 37

第 4 章　基于实体类型关系摘要的 RDF 数据关键字查询方法 …… 38

4.1　问题描述 …… 38

4.2　查询总体框架 …… 41

4.3 实体类型关系摘要索引 …… 42
4.4 基于实体类型关系摘要索引的 RDF 数据关键字查询 …… 46
4.5 实验评估 …… 57
4.6 本章小结 …… 63

第 5 章 多索引的 RDF 数据关键字查询方法 …… 65

5.1 查询总体框架 …… 65
5.2 索引图数据 …… 68
5.3 执行动态规划算法建立多索引 …… 71
5.4 多索引的 RDF 数据关键字搜索 …… 77
5.5 实验评估 …… 81
5.6 基于查询转换的 RDF 关键字查询方法的比较 …… 88
5.7 本章小结 …… 92

第 6 章 两阶段 SPARQL 查询优化处理 …… 94

6.1 引言 …… 94
6.2 SPARQL 查询及查询执行 …… 95
6.3 SPARQL 查询优化 …… 97
6.4 实验评估 …… 104
6.5 本章小结 …… 109

第 7 章 总结 …… 110

7.1 本书的主要贡献与结论 …… 110
7.2 未来工作 …… 111

参考文献 …… 113

第 1 章　绪论

1.1　研究背景

1998 年，万维网的发明人 Tim Berners Lee 提出了“语义万维网”(Semantic Web)的设想。2001 年，《科学美国人》杂志刊登题为“The Semantic Web”的科普文章，宣告了“语义网”的诞生。“语义网”的愿景为“使计算机更能解读万维网”。万维网是一个文字、图片、声音及视频的网络，作为人们在因特网上获取和发布信息的重要手段和途径，万维网逐渐成为巨大的信息资源仓库，计算机对于这样的万维网只发挥了非常有限的作用，它们索引关键词，将信息从服务器传输到客户端，仅此而已。所有的智能工作(选择、组合及聚集等)必须通过人类读者来完成。语义网使“万维网上的数据为计算机可理解和处理”成为现实。从此，语义 Web 技术的发展有了一个新的里程碑。W3C(World Wide Web Consortium，万维网联盟)制定了一系列的语义网技术规范，包括描述各种资源和它们之间语义关系的资源描述框架(Resource Description Framework，RDF)、万维网本体语言(OWL2)、RDF 数据的标准查询语言(SPARQL)及规则交换格式(RIF)等。这些技术规范间的关系在图 1.1 所示 W3C 语义 Web 分层模型中有所体现。语义网为万维网上的知识表示、推理、交换和复用奠定了理论基础。

近年来，随着万维网技术的迅猛发展，语义 Web 数据呈现爆炸式的增长。大规模可用的 RDF 数据被发布。RDF 已经被许多项目和机构用来表示它们的元数据，如 DBLP，Wikipedia 等；IBM 智慧地球的研究中心采用了 RDF 数据描述以及集成语义；Freebase 知识库是语义网数据库技术公司 Metaweb 维护的，其中体育、电影等众多领域元信息都是用 RDF 表示的，生物、化学、生物医学、地理等多个领

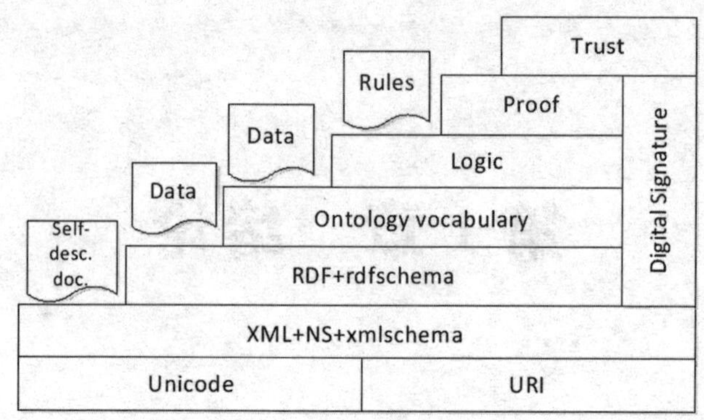

图 1.1 语义网体系结构

Fig 1.1 The architecture of the Semantic Web

域都在 RDF 基础上进行建立领域本体。根据 W3C 的 SWEO(Semantic Web Education and Outreach)研究小组的不完全统计，截止到 2017 年 4 月，在互联网上的各种 RDF 三元组的数量(包括 Linked Open Data，YAGO，DBpedia，Freebase 等 RDF 数据集)已经达到 620 亿，其中涉及的实体数量更多。互联网已经从只是包含网页和网页之间超链接的文档万维网转变成了能够对实体和实体之间丰富的关系进行描述的数据万维网。传统互联网中的文档检索通常是将 HTML 页面(文档)看作是信息的载体，用户的查询返回结果则是若干包含这些查询关键词的文档，而语义 Web 数据搜索用户击中的三元组中描述的实体。语义 Web 数据的搜索问题已经成为当今语义网技术的一个重要研究热点，各大搜索公司(如 Google、百度、搜狗等)纷纷构建知识图谱(分别为 Knowledge Graph、知心和知立方)来改进搜索质量。

RDF 数据的搜索需要处理粒度更细的结构化语义数据。原有的针对非结构化的 Web 文档的存储和索引的各种成熟技术已经对 RDF 数据不再适用，目前的大量排序算法也不能直接运用到面向实体和其关联的语义搜索中。SPARQL (Simple Protocol and RDF Query Language)是 RDF 数据的查询语言，已于 2008 年 1 月 15 日正式成为 W3C 推荐标准，可以对 RDF 数据进行有效的查询。正如 SQL 是数据库查询的标准，SPARQL 是查询 RDF 数据的标准。由于 RIF、RDFS 和 OWL 都是使用 RDF 数据模型，因此 SPARQL 也能够作为这三者的查询语言。SPARQL 查询的基本组成单元是三元组模式(Triple Pattern)，三元组模式与 RDF 三元组类似，区别在于其主语(Subject)、谓语(Predicate)和宾语(Object)位置可以设置为变量。除了 SPARQL 查询语言外，还有 RQL、RDQL(RDF data query language)以及 SeRQL 等 RDF 数据查询语言。但是，这些查询语言对于普通用户而言仍然过于复杂，因为构造这类查询不但需要用户了解查询语言的语法和语义，还要求用户必须掌握待查询数据的模式(Schema)。后者的难度更大，因为在万维网环境下很多语义 Web 数据本身缺少模式或者使用到了多种模式，如果不能了解这些模式，用户很难构造出正确的结构化查询语句。因此，目前管理 RDF 数据的一个基本难题是如何帮助终端用户从 RDF 数据库中轻松地获得所需要的信息，这已经成为 RDF 数据库领域的一个挑战，吸引了越来越多的注意。

传统 Web 搜索引擎中基于关键词的搜索技术得到了广泛应用的事实表明用户更倾向于简单、友好的查询方式。因此，语义 Web 数据的关键词查询技术主要是为了普通用户提供简单的查询方式，通过用户输入的关键词在语义 Web 数据中查找符合用户要求的数据。而 SPARQL 已经被 W3C 推荐为 RDF 查询的标准语言并已经被广泛的应用，如果能将关键词查询转换为 SPARQL 查询，一方面，方便了不了解 RDF 数据的查询语言和 RDF 数据模式的普通用户；另一方面，通过标准的 SPARQL 查询语言对 RDF 数据可以进行准确地、快速地查询，提高了查询的正确率和有效率，而且目前出现了很多能够实现 SPARQL 查询的先进搜索引擎。因此，这种基于查询转换的 RDF 数据关键字查询方法的研究具有重要的研究价值和广泛的应用前景。

1.2　国内外研究现状与分析

近几年来，RDF 数据关键字搜索的相关研究工作已经进入了一个繁荣阶段，各大搜索引擎公司包括谷歌、百度、搜狗等纷纷通过 RDF 数据模型来建立知识图谱以提高搜索质量。针对于 RDF 数据所采取的不同存储方式，分为集中式存储的 RDF 数据关键字查询和分布式存储的 RDF 数据关键字查询。本章将从这两大方面介绍 RDF 数据关键字的国内外研究现状。另外，本书专门对基于查询转换的 RDF 数据关键字查询的相关工作进行了描述。

1.2.1　集中式存储的 RDF 数据关键字查询

介绍三种基于集中式存储的 RDF 数据关键字查询方法，分别是基于关系数据库的 RDF 数据关键字查询、基于图的 RDF 数据关键字查询以及基于查询转换的 RDF 数据关键字查询。

(1)基于关系数据库的 RDF 数据关键字查询

基于关系数据库的 RDF 数据关键字查询技术一般采用成熟的关系数据库技术来实现 RDF 数据的存储和查询。存储 RDF 数据时,将 RDF 三元组按照关系模型来组织数据。目前最常用的三种基于关系数据库的 RDF 数据存储方式有三元组表、属性表以及垂直存储等。

三元组表存储实现起来非常简单,所有的三元组存储在一张比较大的三元组表中。较早的 RDF 数据管理系统 3-Store,Sesame 等都是以三元组表进行 RDF 数据存储的。但是在三元组表上执行链式连接和星形连接时都需要大量的自连接操作,极大地降低了查询性能。为了提高查询效率,很多系统在三元组表上建立大量索引。Oracle RDF 使用三元组表存储并提取模式描述信息通过系统表单独存储,从而建立规则索引。研究 Wide Table 提出了水平划分方法,表中的每一行都是具有相同主语的三元组。

属性表存储的方法将三元组按照谓语分类,每一张关系表存储一个类,每张表的数据都利用水平划分的方法。通过将谓语进行分类,水平划分中表中列过多的问题能够被避免,减少了存储空间,而且在执行查询时主语间的自连接数量能够有效地降低,从而提高查询性能。但是,在很多实际情况下会存在对于未知的谓语的查询,导致多张表的连接或合并操作,无法避免大量空值的问题。其中,Jena 采用了属性表存储,利用 SQL 语句进行查询。

垂直存储的方法对 RDF 三元组表按照谓语进行垂直划分,相同谓语的三元组在一张表中,此时,谓语可以为表名,这里只要保留主语(S)和宾语(O)两列,而且在每张表中都是依照主语进行排序,这样能够快速地进行查询的连接。

另外,还有建立基本三元组 SPO 索引,通过该索引来实现 RDF 数据查询的方法。SPO 索引就是主语、谓语和宾语索引,根据 SPO 各自的排列顺序,在 S,P,O 上依次地建立索引。RDF-3X 和 Hexastore 都是利用这样的方式来建立 SPO 完全索引,包含 SPO、SOP、PSO、POS、OSP 以及 OPS 的索引。按照 SPO 索引的顺序 RDF 数据被组织在某个索引结构(如 B^+ 树)中,在进行查询变量绑定时,不用对整个的数据集都进行扫描,而只是在相应的索引中进行小范围查找。正是因为建立了这样完备的索引,在执行连接查询时,这些方法都能尽可能地使用归并连接,哈希连接只有在不能进行归并连接的情况下才使用,从而提高了查询效率。此外,还有基于关系数据库模式的方法,DBXplorer,DISCOVER,SPARQK,SQAK 以及 MetaMatch 等。这些方法首先建立一个模式图,然后,根据关系表之间的外键或主键的关系找到包含关键字节点的联结树,最后推断出查询模式结构,例如 SQL

查询。还有针对 XML 数据的关键字查询方法。

(2)基于图的 RDF 数据关键字查询

因为 RDF 数据可以表示成顶点和边带有标签的有向图，因此目前出现了很多研究直接将 RDF 数据以 RDF 图结构进行存储，并且利用图结构的遍历算法对 RDF 数据进行关键字查询，从而 RDF 数据关键字的查询问题就转换为大图上的子图匹配问题。

基于图的 RDF 数据关键字查询方法大多通过有效的索引来减少搜索空间，把搜索范围限制在较小的子图上，然后再在子图上寻找对应的查询结果。GRIN 方法先是使用聚类方法重新划分 RDF 数据图中的所有结点，通过对主语进行聚类，把图中的顶点分别聚集到 C 个互不相交的集合中，其后对每个聚类的中心点和半径进行计算，再根据这些聚类结果来建立一种树状索引。GStore 方法对 RDF 图中的每个实体编码序列化，以一种签名图 G^* 的形式存储，查询时，按照 RDF 图的编码转换方法将查询也表示为一个签名图 Q^*，这样一来，查询就被转换为在 G^* 上搜索 Q^* 的匹配问题。

一些设计方案通过组 Steiner 树来设计查询方案。将关键字搜索的问题定义为在一个边有权重或无权重的数据图 G 上找到结点间路径最短且包含关键字信息最多的一棵结果树 T。虽然组 Steiner 树问题是 NP 完全问题，但可以利用近似算法解决。BANKS，BANKS II 以及 BLINKS 都是基于近似算法的组 Steiner 树问题。BLINKS 将图划分为子图或块，然后建立块间索引和块内节点间的最短路径索引。搜索从至少包含一个用户输入的关键字的某一个块开始，采用向后搜索算法对 RDF 图搜索，每次搜索都选择刚访问过结点的入边来向其源结点方向访问，同时将源结点和到源结点的最短路径加入到结果树中，直到所有关键字结点的根结点被找到为止。另外，DPBF 使用动态规划算法来找到精确的 Steiner 树最优解。本文提出的基于查询转换的 RDF 数据关键字查询方法也利用了图结构特点，将用于查询转换的摘要图以图的形式存储和遍历。

(3)基于查询转换的 RDF 数据关键字查询

近几年来，基于查询转换的 RDF 数据关键字查询工作受到越来越多的关注。一般地，基于查询转换的 RDF 数据关键字查询方法，首先，通过从基本的 RDF 数据中提炼出 RDF 模式信息建立一个用于实现查询转换的摘要索引，然后，在该摘要索引上，找到包含关键字的实体之间的关联，把具有关联的子图转换成形式化的查询语言，最后，将结果排序返回给用户，用户自己选择满意的查询来向现有的查询搜索引擎发起查询并获得最终的查询结果。因为实现查询转换的摘要索引的规模要远远小于 RDF 数据图，所以通过在摘要索引上构造查询算法的效率高。另外，对转换的查询可以利用现有的查询搜索引擎的优化技术进行处理，从而可以获得更好的查询性能。

1.2.2 分布式存储的 RDF 数据关键字查询

随着语义 Web 技术的不断进步，万维网上的 RDF 数据也呈现出海量的、动态的增长趋势。这要求 RDF 数据关键字查询技术也能够应用于动态大规模 RDF 数据集上。在这样的数据集上进行查询处理，要求查询方法具有可扩展性，才能对不断更新的数据集进行实时处理。虽然用于集中数据集上的 RDF 数据关键字技术大多数情况下不能直接应用到分布数据集上，但是在分布的每个结点上仍然可以利用集中式的关键字查询方法进行 RDF 数据的存储与查询，所以，集中的 RDF 数据关键字查询方法的研究有着非常重要的研究价值。本文实现的基于转换的 RDF 数据关键字查询方法也是面向于集中式存储的 RDF 数据集。

RDF 数据的分布式查询是指在分布系统上对 RDF 数据进行查询，包括已经实现的在云平台上的 RDF 数据查询方法。因为 RDF 数据被分布在各个不同的结点上，在进行执行查询的过程中，需要通过数据的划分规则来实现查询语句的分解，在查询被分解到单个结点后，再使用集中式存储的 RDF 数据查询方法处理局部 RDF 数据。因为本书主要对集中式存储的 RDF 数据进行查询，在这里就不再过多地介绍分布式 RDF 数据关键字查询方法。

1.3 研究现状分析

通过对以上国内外研究现状的总结，依据集中的和分布的 RDF 数据集上的关键字查询处理方式的不同，RDF 数据关键字查询方法可以分为两类，一类是由关键字直接构成查询结果的方式，另一类是由关键字构造出形式化查询语言再得到查询结果的方式。第二类的关键字查询方式不但可以利用现有的、先进的 SPARQL 搜索引擎来获得好的查询性能，而且，建立的用于关键字查询向形式化查询语言转换的索引规模比原始的 RDF 数据小很多，从而进行 *top-k* 子图搜索的效率更高。因此，本书使用基于查询转换的 RDF 数据关键字查询方法。不过，现有的基于查询转换的 RDF 数据关键字查询方法存在的主要问题是用于关键字查询向

SPARQL 查询转换的摘要索引不能完全地归纳出所有实体间的关系，对应 SPARQL 查询变量之间的关系，因此会导致返回不全查询结果或错误查询结果，为此，本书通过从 RDF 数据中提炼出实体以及实体之间关联建立完整的转换摘要索引，用于关键字查询向 SPARQL 查询转换，并在基于实体类型关系的 RDF 数据关键字查询方法中，将 SPARQL 1.1 的属性路径特性融合到转换摘要索引当中。

本书使用基于查询转换的 RDF 数据关键字查询方法，旨在解决集中式存储的基于关键字查询向 SPARQL 查询转换的 RDF 数据关键字查询所面临的问题。本文中实现 RDF 数据关键字查询的转换模型指的是关键字查询向 SPARQL 查询转换时所需要的索引结构。从 RDF 数据中提炼出有助于关键字查询向 SPARQL 查询转换的索引结构，在给定的不同转换索引结构组织下，给出合适的 *top-k* 子图搜索算法和子图到 SPARQL 查询语句映射的算法。如何排序生成的候选查询，还有针对于生成的 SPARQL 查询本身的特点，如何进行 SPARQL 查询优化处理，以提高查询效率等也是本书研究的主要内容。

1.4　课题研究的主要内容

本书提出了三种面向集中存储的 RDF 数据关键字查询方法，基于压缩实体摘要图的 RDF 数据关键字查询方法、基于实体类型关系摘要图的 RDF 数据关键字查询方法以及多索引的 RDF 数据关键字查询方法，并且针对本文生成的 SPARQL 查询本身所具有的特点提出了两阶段 SPARQL 查询处理方法来实现查询优化，主要进行了以下几个方面内容的研究。

(1)提出一种基于压缩实体摘要图的 RDF 数据关键字查询方法，通过从 RDF 数据中提炼出实体及实体关联并将实体类型封装于实体节点中，建立一个压缩实体摘要图。在该摘要图上，利用双向搜索算法，预先建立向后搜索链表和向前搜索矩阵，快速地、准确地搜索 *top-k* 子图。最后，将 *top-k* 子图转换成 SPARQL 查询并借助现有的 SPARQL 搜索引擎进行查询。

(2)针对现有的关键字查询向 SPARQL 查询转换的摘要索引存在的缺陷和局限性，提出一个完整的关键字查询向 SPARQL 查询转换的索引结构，一个实体类型关系的摘要索引，以关键字查询向 SPARQL 转换的目标对象、SPARQL 查询角度出发，本书利用 SPARQL 查询的属性路径操作符，序列路径操作符“/”、可选路

径操作符“|”以及谓语路径操作符进行转换的摘要索引的构建，通过这些操作符的构建，该索引概括了完整的 RDF 数据实体类型之间的关系，为后面的关键字查询向 SPARQL 查询转换提供了正确保障。

(3)利用“空间换时间”的思想建立多个索引来实现 RDF 数据关键字查询。这些索引包括关键字索引、*r*-半径领域索引、*r* 半径领域内的最短路径索引以及用于子图向 SPARQL 转换的 *r* 半径领域内的最短属性路径索引。通过这些索引可以在实体关系摘要图上快速找到 *top-k* 子图。最后，将这些 *top-k* 子图转换成 SPARQL 查询，由 SPARQL 搜索引擎来执行查询。另外，对三种不同的 RDF 数据关键字查询方法进行了分析和比较，分别比较了这三种方法用于关键字查询向 SPARQL 查询转换服务的索引结构、关键字索引、*top-k* 子图的搜索算法以及用于辅助图搜索的索引结构。

(4)支持对生成的 SPARQL 查询进行优化处理。根据本书生成的 SPARQL 查询本身所具有的特点，利用最长属性路径索引进行冗余节点的过滤，并且考虑到查询的联结顺序对产生的中间结果数量有很大的影响，预先建立(宾语 *O*，谓语 *P*，主语 *S*)索引，通过指定宾语和谓语可以获取对应主语 ID 列表和匹配的三元组个数，以此来重新排列联结的执行顺序，目的是先执行联结次数较少的联结，尽量减少不必要的联结。

第 2 章　相关基础理论

本章介绍 RDF 数据关键字查询技术的相关基础理论。首先介绍 RDF(S)相关知识，其中包括 RDF 数据模型、RDF 语法以及 RDF 模式（RDF schema, RDFS）；然后简单介绍语义 Web 本体语言 OWL 和本书转换为目标查询语言 SPARQL 查询的语法，着重介绍跟本书相关的简单查询模式的 SPARQL 语法；最后简单描述本书用于测试的各类数据集和性能评价指标。

2.1　RDF(S)

自从 RDF 成为语义 Web 数据表示和交换的推荐标准，语义 Web 技术得到了快速发展，使得大量的、可用的语义 Web 数据爆增，这些语义 Web 数据大多数都是以 RDF(S)或 OWL 语言描述的，本文处理的 RDF 数据指的就是这类数据。下面介绍 RDF 数据模型、RDF 语法以及 RDFS。

2.1.1　RDF 数据模型

RDF 是描述结构信息的一种形式化语言，RDF 数据模型的核心包括资源（resource）、属性（property）、文字（literal）以及 RDF 陈述（statement）等。

RDF 采用统一资源标识符（URI）作为名称以清楚地区分资源。每个资源都有一个 URI。一个 URI 可以是一个 URL（Uniform Resource Locator）或者另一种唯一的标识符。URI 不仅仅是用来标识 Web 上的资源，也可以标识在给定应用环境中具有明确身份的任何对象，如书本、地点、人、出版社、事件以及这些东西之间的关系，各种抽象概念等。

通常属性是一类特殊的资源，用于描述资源问题的联系，比如“年龄”“性别”“认识”等。同样地，RDF 中的属性也使用 URI 来标识，这使得万维网环境下全局性地标识资源以及资源间的联系成为可能。

RDF 中的数据值是通过文字来表示的。每个文字的值通常表示成一个字符序列，对这种序列的解释是基于一个给定的数据类型的，文字永远不可能是一个 RDF 图中边的起点。图 2.1 中的长方形框就是表示文字类型的结点。RDF 允许引入不包含任何 URI 的结点，被称为空白结点（blank node）或 bnode。空白结点不具有全局标识能力，目的只是作为局部的资源标识。

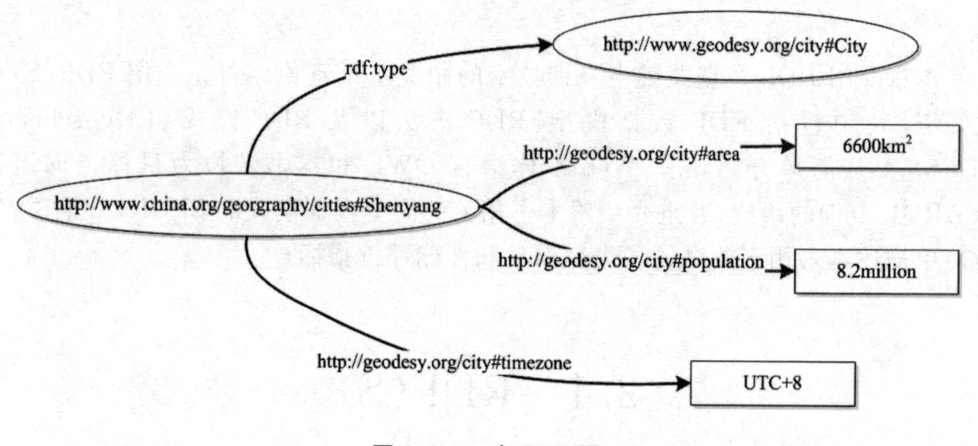

图 2.1　一个 RDF 图

RDF 陈述是一个（Subject，Predicate，Object）的三元组结构，Subject 代表主语，Predicate 代表谓语，Object 代表宾语。如图 2.1 所示，其中，主语使用国际化的资源标识符 IRIs（Internationalized Resource Identifiers），表示资源实体，谓语表示主语和宾语之间关系，宾语为另一实体或对应的属性值，设 U，B，L 分别表示 IRIs 集合，空白顶点集合和文字集合，则 S（一个 RDF 文档）描述了一个有向图，即一组由有向边（“箭头”）连接起来的节点。将表 2.1 的三元组形式转换成 RDF 图的形式，如图 2.1 所示，图中的圆形表示主语（IRIs），长方形代表宾语（值），边上是谓语，代表主语（资源）和宾语（值）之间的关系。RDF 图是一个由 RDF 三元组构成的集合。

表 2.1　RDF 三元组

PREFIX cj：< http：//www. china. org/georgraphy/cities＃>

Subject	Predicate	Object
cj：Shenyang	rdf：type	http：//www. geodesy. org/city＃City
cj：Shenyang	http：//geodesy. org/city＃area	$6600km^2$
cj：Shenyang	http：//geodesy. org/city＃population	8. 2million
cj：Shenayang	http：//geodesy. org/city＃timezone	UTC＋8

2.1.2　RDF 语法

RDF 的数据模型在 2.1.1 节进行了介绍，本节介绍 RDF 数据表示方法，即 RDF 语法。把一个复杂的 RDF 图变换成线性字符串的过程被称为 RDF 序列化(serialization)，序列化的结果是一个 RDF 文档。RDF 标准语法主要包括 RDF/XML、Turtle、RDFa 等。下面简单介绍这三种语法的表示方式。

表 2.2 给出了一个 RDF/XML 格式的 RDF 文档，它是图 2.1 所示的 RDF 图的序列化结果，描述了有关“沈阳”的 RDF 数据。例如，类型是 City，人口是 829 万，面积是 12948 平方千米等。该文档的第 1 行中指定了 XML 版本与编码的可选规范，编码可以不写，缺省是 Unicode。命名空间能够使用 XML 命名空间结构(xmlns:)。所有的 RDF/XML 必须被包含在一个 rdf:RDF 元素中。主语通过 rdf:about 定义并包含在一个尖括号内的 rdf:Description 元素中。与主语关联的谓语和宾语也包含在 rdf:Description 元素中。

表 2.2　RDF/XML 格式文档示例

```
<? xml version="1.0" encoding="utf-8"? >
<rdf:RDF xmlns:rdf="http://www.w3.org/1999/02/22-rdf-syntax-ns#"
       xmlns=http://www.geodesy.org/city#>
<rdf:Description rdf:about="http://www.china.org/geography/cities#Shenyang">
<rdf:Description rdf:resource=http://www.geodesy.org/city#City/>
  <population>8.3 million</population>
  <area>12948 km² </area>
  <timezone>UTC+8</timezone>
</rdf:Description>
</rdf:RDF>
```

Turtle 语法(terse RDF triple language)也是一种 RDF 序列化语法，与已有的 N-Triple 格式及 W3C 推荐标准的 SPARQL 语法相兼容，其主要目的是通过增加一些语法元素使得书写和阅读 RDF 文档变得更加容易，同时也使文档更为紧凑。事实上，Turtle 和 N-Triple 都是 Notation 3 语法的一部分，它们被限制为仅仅覆盖合法的 RDF 图。

在 Turtle 语法中，URI 写在尖括号内，文字值写在引号中，RDF 陈述以句号终止。因此，Turtle 语法直接将 RDF 图翻译成三元组。

Turtle 提供了多种语法来缩写 RDF 文档,对于 RDF 文档中具有相同前缀的 URI,可以定义形如“prefix:”的前缀来缩写它们。对于具有相同主语的三元组可以使用分号“;”将下一个三元组的主语固定为前一个三元组的主语,而对于具有相同主语和谓语的三元组,可以使用“,”罗列多个宾语。此外,Turtle 还提供了 XML 数据类型的简写方式,包括 string、integer、decimal、date、time 和 date with a time。

下面表 2.3 展示了一个 Turtle 格式的 RDF 文档。

表 2.3　Turtle 格式的 RDF 文档示例

```
@prefix : <http://www. geodesy. org/city#>.
@prefix: rdf: <http://www. w3. org/1999/02/22-rdf-syntax-ns#>.
<http://www. china. org/geography/cities#Shenyang>
rdf:type: City;
:population  "8. 3 million";
:area  "12948 km²". ;
:timezone  "UTC+8".
```

RDFa(resource description framework in att ributes)是一个新的 W3C 推荐标准,它为 HTML、XHTML 以及各种基于 XML 的文档类型扩充了多个属性。利用 RDFa 语言可以在网页中嵌入可供机器读取的 RDF 数据,同时避免了 RDF 数据和显示给用户的网页数据间的冗余。与 RDF 数据模型的对应关系使得可以将 RDF 三元组添加到 XHTML 文档中,也可以从中提取出这些 RDF 三元组。

从根本上说,RDFa 是通过各种类型的文档标记表示一个 RDF 图。一个 RDFa 的举例显示在表 2.4,这是一个 BaronWay Apartment 的广告例子。和 RDF/XML 类似,命名空间使用 xmlns 声明来编码,主语通过 about 属性(attribute)来标识。属性通过 rel 或 property 属性(attribute)来标识。当一个声明的宾语是一个资源时使用 rel,而当一个声明的宾语是文字时使用 property。谓语和主语通过使用 HTML 层次结构来关联。无论哪种 RDF 语法,它们的底层数据模型和语义都是相同的。

表 2.4　嵌入 RDFa 的一个网页实例

```
<html xmlns:dbpedia=http://dbpedia.org/resource/
    xmlns:dbpediaowl=http://dbpedia.org/ontology/
    xmlns:swp=http://www.semanticwebprimer.org/ontology/apartments.ttl#
    xmlns:geo="http://www.genames.org/ontology#">
<body>
<H1>Baron Way Flat for Sale</H1>
<div about="[swp:BaronWayFat]">
The Baron Way Flat has<span property>="swp:hasNumberOfBedrooms">3</span>
bedrooms and is located in the family friendly<span rel="swp:isPartOf" resource="[swp:
BaronWayBuilding]">Baron Way Building</span>
<div about="[swp:BaronWayBuilding]">
The building is located in the north of Amsterdam.
    <span rel="dbpediaowl:location" resource="[dbpedia:Amsterdam]"></span>
    <span rel="dbpediaowl:location" resource="[dbpedia:neterlands]"></span>
</div>
</div>
</body>
</html>
```

2.1.3　RDFS

RDFS 提供了将万维网对象组织为层次结构的建模原语(即 RDF 可以使用的词汇表),用来描述 RDF 资源的属性和类,以及这些属性和类的泛化层次的语义。此外,属性的定义域和值域也可以定义。RDF 使得应用程序可以在 Web 上互相交换数据,而且还保留这些数据原有的含义。

RDFS 是一个知识表示语言或本体语言,在 RDF 基础上,提供了一个以“http://www.w3.org/2000/01/rdf-schema#”为命名空间的词汇表,使得用户可以标准地描述某个特定领域的类和属性。主要提供的方法包括 rdfs:range、rdfs:domain、rdf:Class、rdf:Resource、rdfs:subclassOf、rdfs:subPropertyOf、rdf:Property 等。在 RDFS 中,类(class)是一组个体资源的抽象,表示或指向一个类的 URI 被称为类名。一般的,URI rdf:type 被用来标记资源为一个类的实例(即属于这个类)。例如,“人”是一个类,而具体的人“李四”是“人”的一个实例。rdf:

Class 是所有类的类，rdfs:Resource 是所有资源的类。rdfs:domain 和 rdfs:range 用于描述资源的定义域和值域，而 rdfs:subClassOf 与 rdfs:subPropertyOf 分别指定类之间与属性之间的层次关系。RDFS 可以定义类之间的层次联系。属性间也可以采用相同的方式。

注意，RDFS 只是一组特别的 RDF 词汇，因此每个 RDFS 文档也是一个定义良好的 RDF 文档。一般来说，RDF 和 RDFS 统称为 RDF(S)。下面通过图 2.2 来说明 RDF 和 RDFS 涉及的不同分层。其中，方块是属性，虚线以上的圆圈是类，而虚线以下的圆圈是实例。该模式中包括教师、学生、课程等类以及授课等属性。

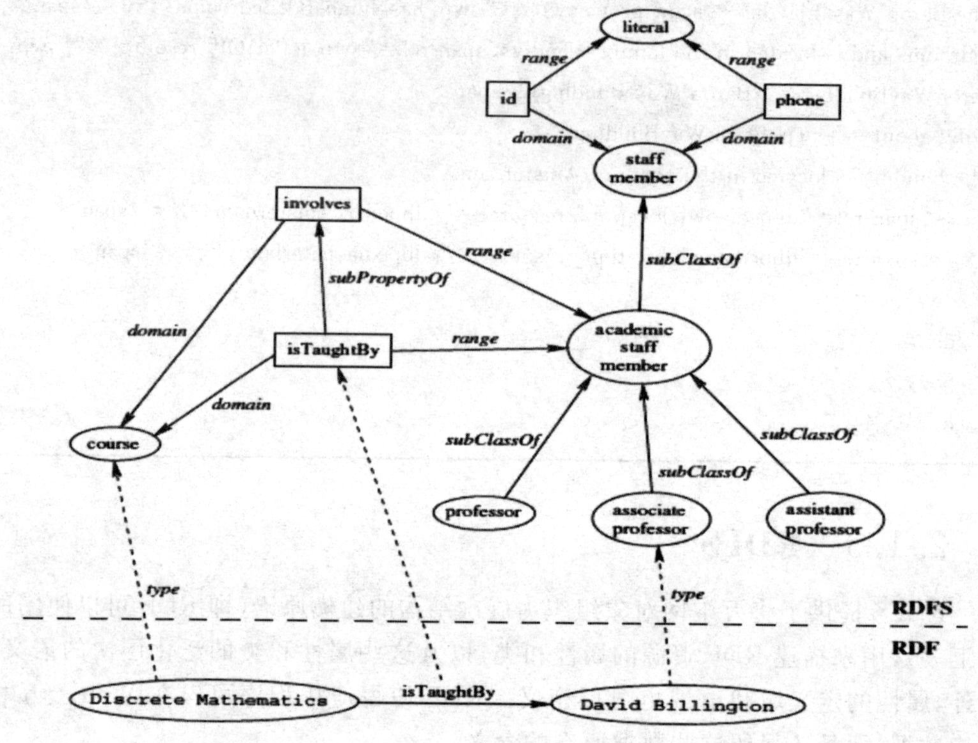

图 2.2 RDF 层和 RDFS 层

2.2　OWL

RDF(S)适合于对简单本体的建模,其表达能力较弱,允许隐含知识的推导。但是 RDF(S)只提供了非常有限的表达能力,并且它不能表达更加复杂的知识,如无法表达属性的局部值域、类的不相交性、类的布尔组合、基数约束、传递属性、函数属性和逆属性等。因此,为了弥补这些表达能力上的不足,2004 年 2 月,W3C 又发布了 Web 本体语言(Web Ontology Language,OWL)。OWL 是语义 Web 发展进程中的一个重要里程碑,它保证具有较强表达能力和可判定推理结论。

OWL 设计的核心是要在语言表达能力和诸如推理这样的智能服务的高效性之间找到一个合理的平衡。例如,通过布尔算子(合取、析取、补),OWL 可以递归地构建复杂的类,还提供了表示存在值约束、任意值约束等能力。同时,OWL 能提供描述属性具有传递性、对称性、函数性等性质。另外,OWL 还可以通过公理声明两个类等价或者互逆,两个实例相同或者不同。OWL 提供了 3 种表达能力递增的子语言:OWL Lite、OWL DL 以及 OWL Full。

(1)OWL Lite

OWL Lite 是 OWL 本体语言中的轻量级子语言,提供给只需要一个分类层次和简单约束的用户。例如,OWL Lite 仅仅允许值是 0 和 1 的基数约束。OWL Lite 不允许声明枚举类、声明不相交或者使用任意数目的基数等。因此,它表达能力较弱,但具有较低的推理复杂性,相对于表达能力更强的 OWL DL,支持 OWL Lite 的工具和应用更易于实现。

(2)OWL DL

OWL DL 具有比 OWL Lite 更强的表达能力,增加了枚举类和对基数约束的完全支持,同时保持计算完备性和可判定性。OWL DL 包括了 OWL 语言构件,但使用时必须符合一定的约束。例如,一个类可以是很多类的子类,但它不能是另一个类的实例。OWL DL 保证了高效的推理支持,但不能与 RDF(S)完全兼容,即合法的 RDF 文档一般需要通过一些扩展或限制才能称为合法的 OWL DL 文档,但每个合法的 OWL DL 文档都是合法的 RDF 文档。

(3)OWL Full

OWL Full 具有最强的表达能力,它包括 OWL 语言和 RDF(S)语言的所有语言成分，但其可计算性没有保证。在 OWL Full 中，类既可以看作是个体集合，也可以看作是一个个体。OWL Full 还允许 OWL 语言构件中增加和改变预定义的 RDF 或 OWL 词汇的含义。例如，在 OWL Full 中通过对所有类的父类去增加基数约束，从而来限制本体能够表达类的数目。OWL Full 与 RDF(S)在语法和语义上都是完全兼容，即任何合法的 RDF 文档都是合法的 OWL Full 文档。OWL Full 的缺点是表达能力过于强大，因而导致推理问题不可判定。

因为本文主要研究 RDF 数据关键字的查询问题，关于 OWL 推理方面的更多内容就不再涉及了，下面主要介绍 OWL 的表示形式，每个用于数据交换的 OWL 文档都是一个 RDF 文档。

一般情况下，描述本体的文档都包含关于本体自身的信息。一个本体是一个资源，可以采用 OWL 和其他命名空间的属性进行描述有关命名空间、版本和所谓的标注的信息，这些描述被称为本体头部。表 2.5 显示了一个 RDF/XML 语法的本体样例。由于每一个 OWL 文档都是一个 RDF 文档，所以它都包含一个根元素。owl:imports 允许引用另外一个包含定义的 OWL 本体，并将其含义作为定义本体的一部分。本体类被定义为类型为 owl:Class 的资源，例如，“owl:Class rdf:about='Professor'”这个类被赋予了名字 Professor。rdf:type 属性声明某个类的实例，这个叫类指派，另一种方式如样例中“＜Person rdf:about='rudiStuder'＞”，声明 rudiStuder 为 Person 类的一个实例。行“＜Person rdf:about='rudiStuder'＞”声明 rudiStuder 是 Person 类的一个实例。rdfs:subClassOf 属性用于定义子类-父类联系而且该属性具有传递性，例如，Professor 是 FacultyMember 的子类，FacultyMember 是 Person 的子类，从而 Professor 也是 Person 的子类。

表 2.5 一个 OWL/XML 语法示例

```
<rdf:RDF
    xmlns  ="http://www.example.org/"
    xmlns:rdf="http://www.w3.org/1999/02/22-rdf-syntax-ns#"
    xmlns:xsd=http://www.w3.org/2001/XMLSchema# xmlns:rdfs="http://www.w3.org/2000/01/rdf-schema#"
    xmlns:owl="http://www.w3.org/2002/07/owl#">
    <owl:Ontology rdf:about="">
      <rdfs:comment rdf:datatype="http://www.w3.org/2001/XMLSchema#string">
      SWRC ontology,version of June 2017
```

续表

```
    </rdfs:comment>
    <owl:versionInfo> v0.7.1</owl:versionInfo>
    <owl:imports rdf:resource=http://www.example.org/foo/>
    <owl:priorVersion rdf:resource=http://ontoware.org/projects/swrc/>
  </owl:Ontology>
  <owl:Class rdf:about="Professor">
    <rdfs:subClassOf rdf:resource="FacultyMember"/>
  </owl:Class>
  <Person rdf:about="rudiStuder">
    <has Affiliation rdf:resource="aifb"/>
    <has Affiliation rdf:resource="ontoprise"/>
    <firstName rdf:datatype="xsd:string">Rudi</firstName>
  </Person>
  <owl:Class rdf:about="FacultyMember">
    <rdfs:subClassOf rdf:resource="Person"/>
  </owl:Class>
</rdf:RDF>
```

2.3　SPARQL

当信息被表示为 RDF 后，出于推理和应用开发的需要，本文需要能够存取其中相关的部分。SPARQL 查询专门为 RDF 设计的，适合并依赖于万维网上的各种技术，它能够从被表示为 RDF 的知识中利用选择、抽取等方式很容易地获得特定的部分。SPARQL(读作“sparkle”)表示的是 SPARQL 协议和 RDF 查询语言，它是查询基于 RDF 的信息和表示这些结果的一个相当年轻的标准。从 SPARQL 的全称上可以看出，SPARQL 并不是一个查询语言，SPARQL 定义了在 RDF 数据库或者 Web 上查询和操纵 RDF 数据的一组语言和协议，目前已经发展到了 SPARQL 1.1。

2.3.1 基本图模式

SPARQL 查询是一种基于图模式匹配的查询方式。本节介绍最简单的图模式,称之为基本图模式(basic graph pattern)。

一个基本图模式是三元组模式(Triple Pattern)的一个集合。三元组模式非常类似于 RDF 三元组,也是由主语、谓语和宾语构成,它们唯一的区别在于这三个位置上除了 URI、空白节点和文字之外,还允许变量。SPARQL 被设想为(RDF)图的查询语言,因此简单的 RDF 图将会作为基本的查询模式,去找到能够匹配一个给定图模式的那些三元组集合,例如,下面是一个简单的 SPARQL 查询。

```
PREFIX ex: http://example. org/
SELECT ? title ? author
WHERE{
? book ex:publishedBy http://crc－press. com/uri.
? book ex:title ? title.
? book ex:author ? author }
```

这个 SPARQL 查询实例包含了 3 个主要部分,分别以大写的关键字 PREFIX、SELECT 和 WHERE 表示。关键字 PREFIX 声明了一个命名空间,查询的实体以关键字 WHERE 开头,接下去是一个以花括号包围的由 3 个三元组模式组成的基本图模式,这 3 个三元组模式分别为“? book ex:publishedBy http://crc－press. com/uri. ”“? book ex:title ? title. ”以及“? book ex:author ? author”。一般来说,简单图模式可以表示任意的在给定数据集中将要被查询的 RDF 图。对于这个查询,上面的样例查询的结果显示在表 2.6。正如本文看到的,SELECT 的作用是生成了一个表作为查询的输出。只有在 SELECT 行中明确提到的变量,才会显示在最终的结果当中,即“title”和“author”。变量是以问号“?”或者美元符号“MYM”开头。例如,本例中的? title 和? author。

表 2.6 SPARQL 查询结果

title	author
“Foundations of …”	http://semantic－web－book. org/uri/Hitzler
“Foundations of …”	http://semantic－web－book. org/uri/Kr? tzsch
“Foundations of …”	http://semantic－web－book. org/uri/Rudolph

2.3.2　组图模式

SPARQL 允许通过多个简单图模式建立复杂的图模式。这样的复合的图模式一般被称为组图模式(Group Graph Pattern)，它可以被用来将查询条件限定于模式的某个部分上。另外，它还可以用以定义可选子模式，或者提供多个可相互替代的模式。缺省情况下，简单地给出多个图模式意味着它们的合取，即相当于将这些图模式合并。下面的 SPARQL 查询实例中包含一个带有三个元素的组模式：第一个元素是一个含有两个三元组的简单模式，第二个是一个空的组模式，第三个是一个只有单个三元组的简单图模式。空的模式没有太大的实际用途，它们只会被用来分隔多个简单模式。尽管形式上不同，但该样例返回的结果与 2.3.1 中的 SPARQL 查询样例是相同的，因此在某些情况下，组图模式可以转换为基本图模式。

```
SELECT ? title ? author
WHERE{
{? book ex:publishedBy http://crc－press.com/uri.
? book ex:title ? title.}
{}
? book ex:author ? author }
```

2.3.3　属性路径

SPARQL 1.1 中引入了一种新的称为属性路径(property path)的机制，以便于描述两个变量或者一个变量与一个 RDF 术语之间的间接联系。这种间接联系表现为图模式中的一条路径，来区别于通过单个属性形成的直接联系。属性路径是一种快捷表示法，当查询的图模式涉及路径等形式时，不再需要逐一列出沿途的各三元组模式，而可以采用一种更加直观、便利的语法来书写查询。

```
PREFIX foaf: <http://xmlns.com/foaf/0.1/>.
SELECT ? x ? name WHERE{
? x foaf:mbox <mailto:alice@example>.
? x foaf:knows ? y.
? y foaf:name ? name }
```

如果查询者不关心变量? y 的绑定，而只关心变量? x 的绑定，那可以将 SPARQL 查询表示为：

```
SELECT ? x ? name WHERE{
? x foaf:mbox <mailto:alice@example>.
? x foaf:knows/foaf:name ? name }
```

其中,斜杠符号“/”用于分隔路径中的属性。与之前的查询相比,这种写法要简单的多,上面的这两个 SPARQL 查询样例写法不同但结果是一样的。路径中除了首尾之外,其他顶点均不再显式出现在查询中,例如变量“? y”。还有属性路径操作符“|”用来连接可以相互替代的两个属性。脱字符“^”用来表示路径中的一个反向的属性。其他的一些常用符号包括:感叹号“!”表示否定;问号“?”、加号“+”和星号“*”的含义与正则表达式中的常见用法一致。为了使转换更加方便、有效,本文在进行关键字查询向 SPARQL 查询转换时利用了 SPARQL 1.1 的属性路径机制。

SPARQL 也支持一些其他形式的查询。除了 SELECT 以外,两种常用的查询是 ASK 和 CONSTRUCT。因为关键字查询更容易转换为 SELECT 形式的 SPARQL 查询,所以其他形式的 SPARQL 查询在这里就不作更多介绍了。

2.4 实验测试集和评价指标

本文的 RDF 数据关键字查询方法主要采用两类开源数据集用作实验测试,一类是合成数据数据集 LUBM,另一类是真实数据集,包含出自于 DBLP 数据集的 SwetoDblp,还有 wordNet 以及 BSBM 数据集等。LUBM 模拟大学、部门、学生及教师等之间的关系,是 Lehigh 大学开发的并被广泛用于 RDF 数据关键字搜索评测的一个基准数据集。SwetoDblp 是一个较大规模的本体数据集,包含计算机科学期刊和会议的出版物描述,主要来源于 DBLP 数据,包含大约 2700 万个三元组。WordNet 是 Princeton 大学开发的一种按照单词意义组成的一个英语词典,是一个英语词汇的语义网。名词、动词、形容词和副词各自被组成了一个同义词的网络,每个同义词集合都代表一个基本的语义概念,并且这些集合之间也由各种关系连接。BSBM 是 Berlin SPARQL 基准测试集,该数据集描述商品和它们的评价之间的关系。

本书主要从两个方面进行 RDF 数据关键字查询方法性能测试,索引性能与查询性能。索引包含关键索引和关键字查询向 SPARQL 查询转换时所用的摘要索引，根据索引存储大小和索引建立的时间来评测索引性能。本文的查询响应时间从输入关键字开始直至得到 *top-k* 查询结果为止。查询响应时间包括关键字查询到 SPARQL 查询的转换时间和 SPARQL 查询的执行时间。每个查询被执行 10 次，平均时间作为查询响应时间。用 LOG 值来表示查询响应时间。查询性能的测试通过计算查询响应时间来实现。另外，使用国际上通用的对搜索算法正确率的评价机制，MRR(Mean Reciprocal Rank)＝$1/n$，即如果返回的第一个结果匹配，分数为 1，第二个匹配分数为 0.5，第 n 个匹配分数为 $1/n$，如果没有匹配的结果，分数为 0。

2.5　本章小结

本章首先介绍了 RDF(S)，包括 RDF 数据模型、RDF 语法以及 RDFS；然后简单介绍语义 Web 本体语言 OWL 以及本文转换为目标查询的语言 SPARQL 查询语法，着重介绍跟本文相关的简单查询模式的 SPARQL 语法；最后简单描述本文用于测试的各类数据集和性能评价指标。这些内容为后续章节的研究提供了必要的理论基础。

第3章　基于压缩实体摘要图的 RDF 数据关键字查询方法

基于查询转换的 RDF 关键字查询方法的关键问题在于构建关键字向 SPARQL 查询转换的索引结构，一方面该索引需要归纳出完整的实体之间关系，也就是对应着查询变量之间的关系，另一方面是通过该索引如何能够更简便、更有效地实现关键字向 SPARQL 的转换。从这两方面考虑，本书提出一种基于压缩实体摘要图的 RDF 数据关键字查询方法，从 RDF 数据中提炼出实体与实体的关联建立了压缩摘要图索引，并且为了转换方便将实体类型封装在该摘要索引中。

3.1　查询总体框架

本章提出基于压缩实体摘要图的 RDF 数据关键字查询方法，其查询总体框架如图 3.1 所示。该方法主要分为两个部分：建立索引的部分和 SPARQL 查询生成部分。建立索引的部分是用于定位关键字到指定实体的关键字倒排索引 OPS (Object，Predicate，Subject)索引(详见第 3.2.1 节)，还有从 RDF 数据中提炼出 RDF 实体及实体关联，并将实体类型封装于实体中构成压缩实体摘要图索引(详见第 3.2.2 节)。

RDF 数据关键字查询的主要过程为：关键字匹配，找到包括关键字的所有实体；再在该压缩实体摘要图上进行双向搜索，找出包含所有关键字实体的 *top-k* 子图；然后，根据子图与 SPARQL 查询的映射将关键字查询转换成 SPARQL 查询；最后，由用户选择一个 SPARQL 查询，通过现有的 SPARQL 搜索引擎进行查询，获得最终结果。

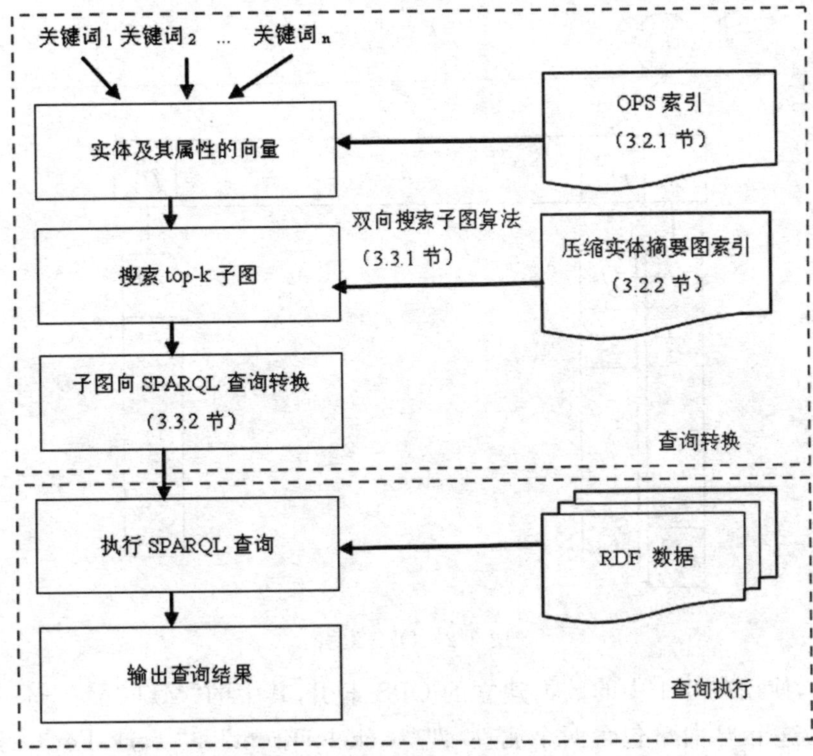

图 3.1　查询总体框架图

3.2　索引结构

介绍用于关键字向匹配实体映射的 OPS 索引以及用于实现关键字查询向 SPARQL 查询转换的压缩实体摘要图索引，CESG。

3.2.1　关键字与所在实体索引（OPS）

既然 CESG 中不包括关键词，怎么找到关键词所在的实体呢？本书使用 OPS 索引将关键词定位于它所在的实体（S）节点，该索引与信息索引中的倒排索引很相似。OPS 索引的结构如图 3.2 所示，P 表示属性，O 表示宾语（值的节点，主要指关键词），S 代表主语（表示资源实体），每个宾语 o_i（关键词）对应一组属性（P）的列表，每一个（O_i，P_j）的组合指向一个实体（S）的列表。

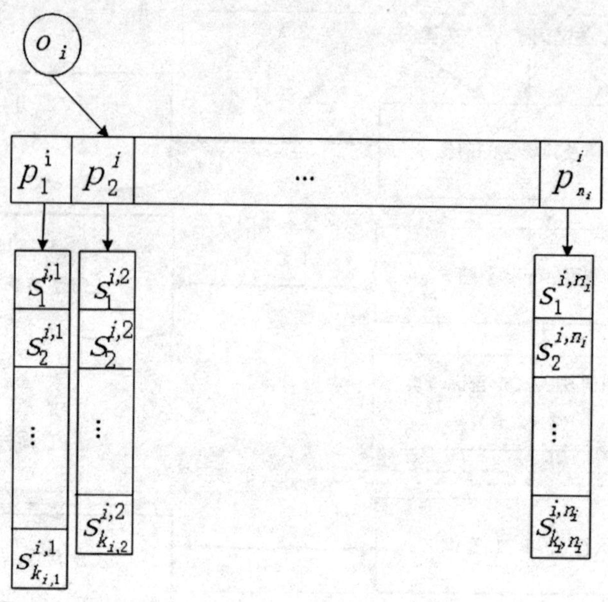

图 3.2　OPS 索引

例如，使用表 3.1 中的数据建立的 OPS 索引，其中的“MIT”会指向一个属性（P）向量，这个 P 向量包含两个属性，即“bachelorFrom”和“worksFor”。这里，每个属性只对应一个相关的主语（S）列表，“bachelorFrom”属性对应主语“ID_1”，“worksFor”属性对应主语“ID_2”。对输入的每一个关键词，通过 OPS 索引可以找到一组对应关键词的属性列表，然后再联合各自的关键词属性，获得关键词所属的主语。表 3.1 是 LUBM 数据表示大学内部成员、部门等关系的 RDF 三元组数据样例。

本书中的关键字可以为属性，也可以是关系，因此当关键字为属性或关系时，能够通过 OPS 关键字索引找到其对应的实体。例如，表 3.1 中的“mastersFrom”对应的实体为“ID_1”和“ID_3”。每次进行关键字到实体映射的时候，先从 OPS 索引结构中的 O（宾语）项进行查找，如果项 O 中不存在该关键字，就从项 P（谓语）进行查找，如果都不存在就返回空，即关键字没有找到，否则返回对应项 O 或 P 的实体列表。另外，对于用户输入的关键字，本文还利用信息检索技术中的语义和语法相似性进行关键字到指定数据元素的映射。从而为不了解 RDF 数据模式的普通用户提供方便。例如，通过编辑距离计算进行关键字到数据元素的非精确匹配，从同义词集 wordNet 中抽取出已有词条对应的同义词、上位词以及下位等。这样一来，对输入的关键字可以进行语义扩展。

表 3.1　RDF 三元组样例

S	P	O
ID_1	type	FullProfesssor
ID_1	teacherOf	‘AI’
ID_1	bachelorFrom	‘MIT’
ID_1	mastersFrom	‘Cambridge’
ID_1	phdFrom	‘Yale’
ID_2	type	AssocProfessor
ID_2	worksFor	‘MIT
ID_2	teacherOf	‘DataBases’
ID_2	bachelorsFrom	‘Yale’
ID_2	phdFrom	‘Stanford’
ID_3	Type	GradStudent
ID_3	advisor	ID_2
ID_3	teachingAssist	‘AI’
ID_3	bachelorsFrom	‘Standford’
ID_3	mastersFrom	‘Princeton’
ID_4	type	GradStudent
ID_4 ID_4	advisor takesCourse	ID_1 ‘DataBases’
ID_4	bachelorsFrom	‘Columbia’

3.2.2　压缩实体摘要图(CESG)

RDF 数据图是一个描述实体与实体或者实体与值关系的连接图。SPARQL 查询的构建需要实体之间的关系,因此,为了实现查询转换,本书建立一种具有实体关系的压缩实体摘要图索引。图 3.3 是一个 RDF 数据图,图 3.4 中将实体所属的类型封装到结点上,称之为压缩的实体结点,在转换 SPARQL 查询时需要实体类型,这样封装有利于提高查询转换的效率,不需要再利用索引或搜索算法查找实体的类型。

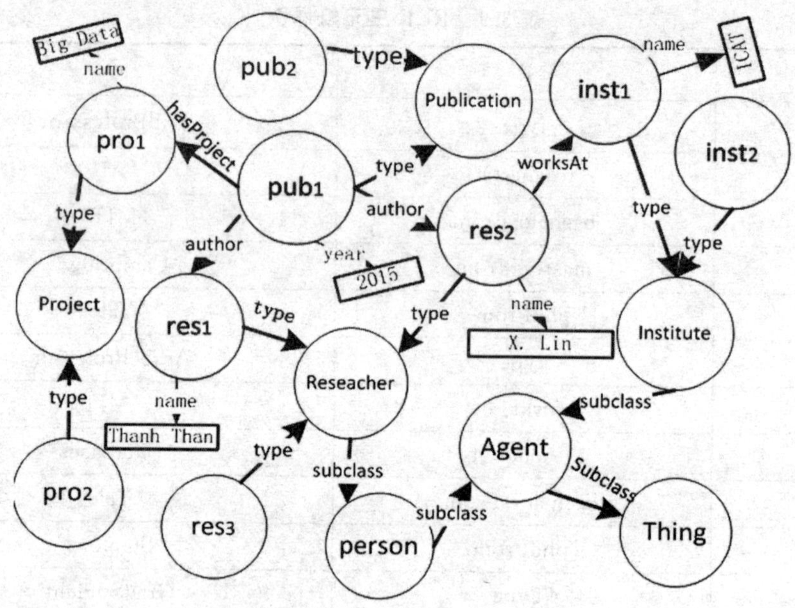

图 3.3　RDF 数据图

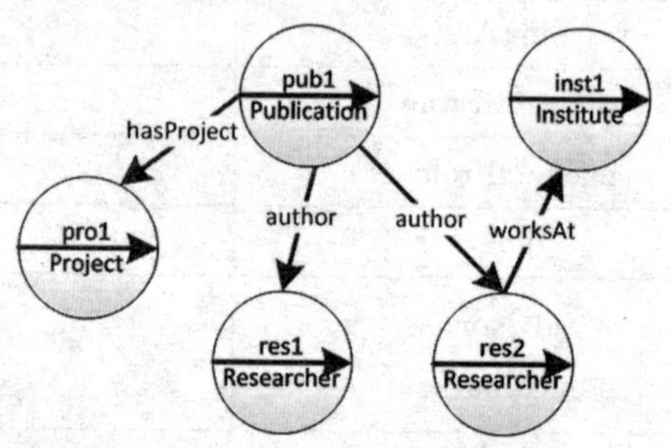

图 3.4　压缩的实体摘要图

本书构建的 CESG 包括实体结点和它们之间的联系，由于将同一种类型的所有实体都绑定在一个类型上，所以缺少了一些实体间的关系，不能表达整个 RDF 数据图的实体间关联信息。因为图 3.3 中的实体节点只有 5 个，为了表示方便，将具有较长"http://..."标识符前缀的实体节点用字符表示，分别为"pro_1""pub_1""res_1""res_2"及"$inst_1$"，构建的 CESG 图，如图 3.4 所示，结点数由 21 个减为 5 个，并将其所属的类型封装在该实体节点上，如图 3.4 中的"pro_1/Project"节点表示实体为"pro_1"其类型为"Project"。在面对大规模的 RDF 数据时，通过建立 CESG 能够大幅度地缩减存储空间和搜索空间，提高查询效率。

提取 RDF 数据中的所有实体及其关系建立 CESG，其具体的构建过程简单描述一下，图 3.3 数据的 RDF 三元组形式正如表 3.1 所示，因为实体是由 IRI(Internationalized Resource Identifier)表示的资源，所以针对于主语和宾语具有 IRI 标识的三元组，将其保留，即表 3.2 中的第 1、3、5、10 行。所有谓语为“type”的三元组也要保留，即表 3.2 中的 2、4、6、9、11 行。其他的三元组描述的是实体与值的关系，被用于构建 OPS 索引，这里则不需要。剩下的三元组便是本文要构建 CESG 的数据，将类型封装于每个实体节点后，CESG 以图的形式表示，如图 3.4 所示。CESG 定义显示在定义 3.1 中，建立 CESG 的算法伪代码显示在表 3.3 中。

表 3.2　RDF 三元组

	S	P	O
1	pub_1	hasProject	pro_1
2	pro_1	type	Project
3	pub_1	author	res_2
4	res_2	type	Researcher
5	res_2	worksAt	$inst_1$
6	$inst_1$	type	Institute
7	pro_1	name	“Big data”
8	pub_1	year	“2015”
9	$rest_1$	type	Researcher
10	pub_1	author	$rest_1$
11	pub_1	type	Publication

定义 3.1 (压缩实体摘要图，CESG). $CESG=(V,L,E)$，其中节点集合 $V=V_{(E,type)}$，V_E 表示实体节点，它所属的类($type$)封装在节点上，边标签集 $L=L_R$(表示两个实体间关系)，边集 E 中的元素为 $e(v_1,v_2)$，而且 $ee(v_1,v_2)E$，当且仅当 RDF 数据图中存在边 $e(v_1{}',v_2{}')E'$。

CESG 图的大小主要取决于 RDF 数据中包含的不同实体数量。对 CESG 图的维护、更新操作主要包括节点的删除和插入。删除 CESG 中的一个节点时，需要遍历整个 CESG 图，找到该节点后，将该节点以及与之邻接的所有出边都删除，并且还需要删除以该节点作为终点的所有入边。在 CESG 中插入一个实体(S)-实体(O)关系的 RDF 三元组时，需要查找一遍该邻接表，如果不存在实体 S 将该节点插入进去，并将对应的 O 插入到实体 S 相应的出边节点中。如果 CESG 图中存

在实体 S,再检查 S 的邻接链表,如果没有找到相应出边节点 O,则将 O 插入到 S 相应的出边节点当中。

表 3.3　**建立** CESG **算法**

Input：包含实体和类型的 RDF 三元组向量 *ET*；
Output：以邻接表存储的 CESG 图，*adjCesg*；

Variables：*ET* 存储实体-实体关系或实体-类型关系的 RDF 三元组；邻接表中每个元素包含两项，实体的 ID 号 *eID* 和实体相应的类型 *type*； *u*,*w* 属于 *adjCesg* 的元素类型； *t*(*s*,*p*,*o*)表示包含主语 *s*，谓语 *p*，宾语 *o* 的 RDF 三元组；
foreach *t*(*s*,*p*,*o*)∈*ET*
if (*s* is URI and *o* is URI) //如果 t 表示实体-实体关系的 RDF 三元组；
    if (! *adjCesg*.contains(*t*.*s*))

u.*type*←*s*.type, *u*.*eID*←*t*.*s*, and Insert *u* into *adjCesg*；//对于 adjCesg 不存在实体 s，就建立一个新节点，并将该节点插入到 *adjCesg* 中；   else

v ← *adjCesg*.get(*t*.*s*),
            if(! *v*.*adjList*.contains(*t*.*o*))
                w.*eID*←*t*.*o*, *w*.type←*o*.*type*, and *v*.*adjList*.add(*w*)；//如果 *adjCesg* 中存在 *s*，将 *s* 的出边实体节点插入到对应的邻接链表中；

return *adjCesg*；

3.3　关键字查询向 SPARQL 查询转换

3.3.1　双向搜索子图算法

单层索引的双向搜索算法是向后搜索的同时向前搜索，能够更快、更准确地找到包含所有关键字实体的子图。但是由于该双向搜索算法建立向前、向后索引的时间与空间复杂度都较大，对于规模较大的 RDF 数据图建立这样的索引是不太切合实际的，而本文构建的 CESG 图在规模上远小于 RDF 数据图本身，所以单层索引的双向搜索算法适合于本文的 *top-k* 子图搜索。本文通过关键字索引，OPS 索引，可以对属性或关系进行查询。查找 CESG 前 k 子图，预先建立向后搜索链表，LEN(v)，向前搜索矩阵，MNE(v_i, v_j)，LEN(v)链表存储所有能够到达实体 v 的节点，并按他们到达 v 的距离排序，该链表代表了图搜索的边界，时间复杂度是 O(logn)，n 是链表的长度。MNE 存放任意一个实体节点到达其他实体节点的最短路径，MNE(v_i, v_j)返回节点 v_i 到达节点 v_j 的最短路径。

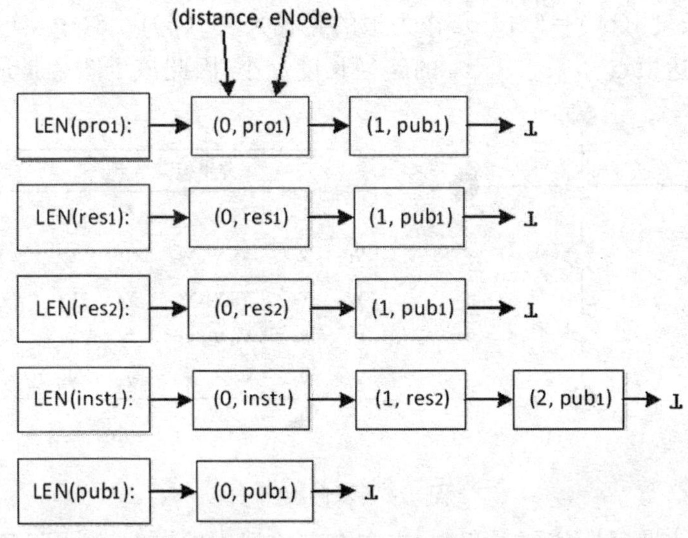

图 3.5　向后搜索链表 LEN

在图 3.3 上建立的向后搜索链表，如图 3.5。链表中的每一项包括最短路径距离和节点 ID 号。在利用 Floyd 算法计算向前搜索矩阵 MNE(v_i, v_j)时，先将 CESG 转换成无向图，再计算任意两个实体间的最短路径距离。向前搜索矩阵显示在表 3.4。

表 3.4　向前搜索 MNE 矩阵

0	2	2	3	1
2	0	2	3	1
2	2	0	1	1
3	2	1	0	2
1	1	1	2	0

下面解释一下该算法的执行过程，图 3.6(a)中的黑色节点 v_1，v_2，v_3，v_7 分别表示包含关键词 k_1，k_2，k_3，k_4 的实体节点，边上的权值设为 1。首先利用向后搜索，从链表 LEN(v_i)($i \in [1,m]$)，选择 LEN(v_1)链表开始，即从图 3.6(a)中的节点 v_1 出发，然后访问 LEN(v_1)链表中下一个节点 v_4，接下来是和 v_4 等距离的节点 v_2，v_3，v_5，下一个依次是 v_6，v_7，直到 LEN(v_1)链表的所有节点都被访问为止。图 3.6(b)第 3,4,5,6 行分别代表每一个链表 LEN(v_i)中节点的访问顺序。哪个结果是图 3.6(a)的最优子图呢？v_4，v_5，v_6 都是连接关键词元素的实体节点，以 v_4 为根的路径 p_1 长度 $l(p_1)=6$，以 v_5 作为根的路径长度 $l(p_2)=8$，…，分别计算，得知以 v_4 为根，到达顶点 v_1，v_2，v_3，v_7 的路径长度最小，因此该子图就是最优子图。

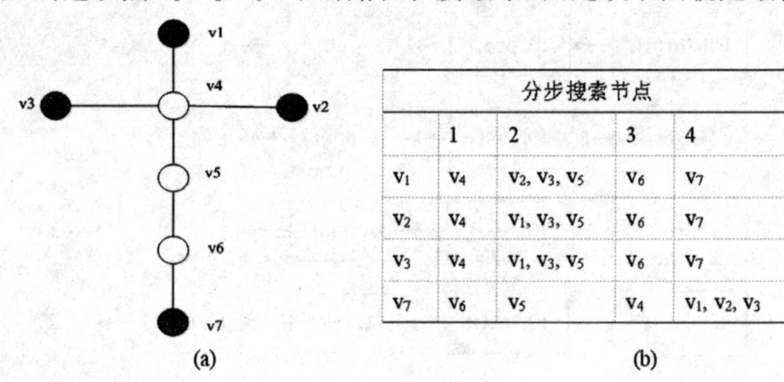

分步搜索节点				
	1	2	3	4
v1	v4	v2, v3, v5	v6	v7
v2	v4	v1, v3, v5	v6	v7
v3	v4	v1, v3, v5	v6	v7
v7	v6	v5	v4	v1, v2, v3

图 3.6　双向搜索

在计算最小路径距离的过程中，本文在向前搜索的同时，利用 MNE(v_i，v_j)矩阵，返回任何两实体节点间的最小距离 *dist* 与距离和，n 是关键字的数量。要返回前 k 子图，为了减少搜索范围，设置一个剪枝条件，把第 k 小子图的路径长度和记为 T_{prune}，在搜索过程中剪掉 *sumDist* 大于 T_{prune} 的子图。每次访问一个节点时检查更新一下 T_{prune} 值，如果一个子图的 *sumDist* 值小于 T_{prune}，就利用向后搜索索引进行 *top-k* 子图的计算，否则，进行下一个节点的检查，该算法的伪代码显示在表 3.5。时间复杂度为 $O(n*m)$，n 是关键字的数量，m 是 LEN(v_i)链表中包含的平均节点数量。如果索引 CESG 的所有节点建立向前搜索链表会导致非常大的开销，因此，本书设定 m 的最大值为 1000。另外，本书的重点是关键字查询向 SPARQL 查询的转换，如果候选答案中的节点之间距离过长则不利于 SPARQL 查询的构建，而且这样的候选答案对用户来说并不是很有用的信息。

表 3.5　双向搜索算法

输入：包含关键词$\{k_1, k_2, \ldots, k_m\}$的实体顶点集合$=\{v_1, v_2, \ldots, v_m\}$，CESG=$\{V, L, E\}$，LEN（$v_i$）（$i \in [1, m]$），$M_{NE}$矩阵，$T_{prune}=\infty$；向量$R$记录根节点到所有关键词节点的路径；$R$与$A$的每个元素结构：$<root, dist_1, dist_2, \ldots, dist_m>$，向量$A$存放 *top-k* 子图；
输出：A;
foreach $i \in [1, m]$ do
$PQ_i \leftarrow$ new PriorityQueue（LEN(v_i)）; //每个关键词所在节点建立优先队列;
foreach PQ_j and $j \in [1, m]$;
$v_i \leftarrow PQ_j$.poll()　　//向前搜索
if v_i is not visited then
$R[v_i].dist_k \leftarrow M_{NE}(v_i, v_k)$ and $k \in [1, i) \cup (i, m]$
R.add($<v_i, dist_1, \ldots, dist_m>$);
if sumDist(v_i) < T_{prune} then //向后搜索
A.add($R[u]$) and update T_{prune} with sumDist(v_i);

3.3.2　子图向 SPARQL 查询转换

关键词查询转换为 SPARQL 查询的关键在于查询模式的生成，也就是查询变量间的关系如何获得，CESG 包含着所有实体及实体间关系，通过双向搜索可以快速找到包含关键词实体的 *top-k* 匹配子图。

定义 3.2（匹配子图）. $G=(V,E)$是一个图，$K=\{k_1,\cdots,k_n\}$是一个关键字集合，f：$K \rightarrow 2^{V \cup E}$是一个关键字映射到相应图元素集合的函数。图 G 的一个 K 匹配子图为 $G'=(V',E')$，其中 V' ? V 且 E' ? E 满足：

- 对每个 $k \in K$，$f(k) \cap (V' \cup E') \neq$?，即对每个关键字，G'至少包含一个该关键字的代表元素。
- G'是连通图，即 G'的任意两个元素之间都有路径存在。

表 3.6 算法实现的就是将 *top-k* 匹配子图转换成 SPARQL 查询。简单说明一下该算法，由表 3.5 输出的 *top-k* 子图向量 A 中的每个元素结构为 $<root, dist_1, dist_2, \cdots, dist_m>$，其中 *root* 是一个关联节点，连接所有的关键词实体。图 3.7(a)是一个路径长度都不超过 1 的候选子图。节点 $rest_2$ 是 root 节点，root 节点连接 pub_1 和 $rest_1$ 节点，边上的权值表示实体间关系。表 3.6 的第 2 行将从 *top-k* 子图向量 A 中的每一个子图顶点映射到 SPARQL 查询变量，如图 3.7(b)表示，再根据关联节点与各个关键词的路径生成 SPARQL 的查询模式，即表 3.6 中的 3、4 行，最后将生成的 SPARQL 查询存放于 R 向量当中，返回的 R 是转换后的 *top-k* SPARQL 查询。

当关联节点与关键字元素的路径长度超过 1 时，需要将该路径上的所有节点和谓语路径都转换为 SPARQL 查询的相应部分。假设关联节点"？ r"与关键字元素"？ v_1"之间的路径是图 3.3 中的实体"pro_1"与"$inst_1$"之间的路径，则转换的 SPARQL 查询对应部分为"？ 0 hasProject ？ r.？ 0 author ？ 1.？ 1 worksAt ？ v_1."，其中"？ r""？ 0""？ 1"和"？ v_1"是由实体节点"pro_1""pub_1"和"res2"以及"$inst_1$"转换为对应 SPARQL 中的显著可区分变量。

表 3.6　Top-k SPARQL 查询转换

输入：A, 关键词 $k_1, k_2, \ldots, k_n$, 属性值 $p_1, p_2, \ldots, p_n$;	
输出：R; //*top-k* **SPARQL** 查询;	
1	for $a_i \in A, i \in [1, k]$ do
2	$?v_1, ?v_2, ?r, \ldots, ?v_n \leftarrow v_1, v_2, r, \ldots, v_n$; //子图顶点映射到 SPARQL 查询变量;
3	中间过程：select $?v_1, ?v_2, \ldots, ?v_n$ where $(?v_1, R_1, ?r), (?v_2, R_2, ?r), \ldots, (?v_n, R_n, ?r)$;
4	a_i 的边标签 $l_1, l_2, \ldots, l_n$ 替换步骤3中的关系 $R_1, R_2, \ldots, Rn$; //如果路径长度超过 1，进行递归替换;
5	联合关键词条件$(?r, \text{type}, t_1)$ and $(?v_1, p_1, k_1), (?v_2, p_2, k_2), \ldots, (?v_n, p_n, k_n)$;
6	$R \leftarrow$ 生成 SPARQL 查询: Select $?v_1\ ?v_2, \ldots, ?v_n$ where { $?v_1 l_1 ?r.\ ?v_2 l_2 ?r., \ldots, ?v_n l_n ?r.\ ?r$ type $t_1.\ ?v_1 p_1 k_1.\ ?v_2 p_2 k_2., \ldots, ?v_n p_n k_n$};
7	返回 R;

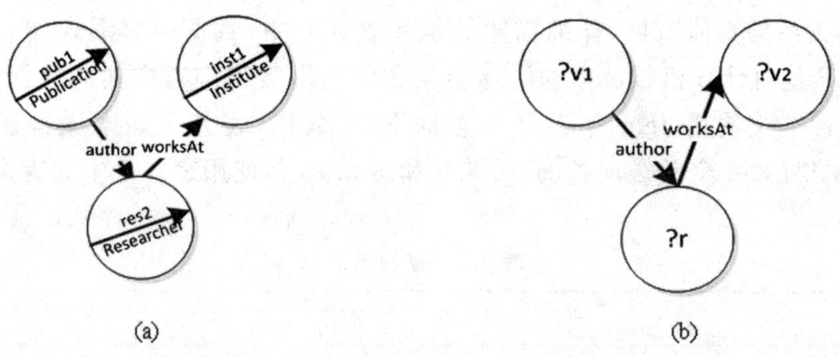

图 3.7　子图与 SPARQL 查询映射

接下来举一个实例介绍整个关键词查询转换为 SPARQL 查询的过程，例如查询“2015”年，“ICAT”所的关于“X. Lin”的项目信息。假设这 3 个关键词通过 OPS 索引分别定位于图 3.3 中的实体 pub_1，res_2，$inst_1$，如图 3.7(a)，当然，通过第 3.2.2 节可知这 3 个关键词可以映射到 CESG 上的多个属性和实体。假设对应的属性分别为：year，name，name，要转换的 SPARQL 查询的中间过程为：select ? r ? v_1? v_2 where {? r type t_1. ? v_1 year "2015". ? r name "X. Lin". ? v_2 name "ICAT". ? v_1 R_1? r. ? r R_2? v_2}，t_1 是封装在实体节点上的类型“Researcher”。关键的是“R_1”和“R_2”的替换，即表 3.6 中的第 4 步，查询变量？r，？v_1，？v_2 所代表的实体关系隐藏在 CESG 中，搜索 CESG 以获取他们之间的语义联系，而不必在大规模的 RDF 数据图上搜索，是本文建立 CESG 的主要目的，然后将具有关联的子图向量 A 映射到上面所提到的 SPARQL 查询中，对该实例进行转换的 SPARQL 查询为：Select ? r ? v_1? v_2 where {? r type Researcher. ? v_1 year "2015". ? r name "X. Lin". ? v_2 name "ICAT". ? v_1 author ? r. ? r worksAt ? v_2}。本书会把搜索到的前 k 子图转换为 k 个 SPARQL 查询语句，最后将执行后的 SPARQL 查询结果返回给用户。

3.4　实验评估

本书使用 Lehigh 大学的开放基准数据集 LUBM 和 DBLP 进行测试。lubm(1,0)、lubm(5,0)、lubm(10,0)、lubm(20,0)、lubm(50,0)都是由 Lehigh 大学提供的 UBA 生成器自动生成的 1、5、10、20 以及 50 个关于大学、部门、教师、学生及

课程之间关系的本体数据，详细描述显示在表 3.8 中，数据内容形式如表 3.1 所示。DBLP 是对计算机领域内的国际会议和期刊出版物进行描述的数据集，如表 3.9 所示。本文使用 Jena 来存储和查询 RDF 数据，表 3.7 是本文构建的针对 lubm 数据集的 10 个关键词查询，图 3.9 和图 3.10 是使用表 3.7 中的查询获得的对比实验。

表 3.7　查询示例

查询	关键词
Q1	Publication19,Lecturer6
Q2	Research5,FullProfessor9,Publication17
Q3	FullProfessor9,GraduateStudent0,Publication18,Department0
Q4	Department0,GraduateStudent10,Publication4,AssistantProfessor2
Q5	FullProfessor1,Course1,UndergraduateStudnet3,
Q6	GraduateCourse22,GraduateStudent1,Department0
Q7	AssistantProfessor6,GraduateStudent38,GraduateCourse37
Q8	FullProfessor2,GraduateStudent3,Publication5,Department0,Courser0
Q9	Course26, UndergraduateStudent12, Course10, Course26, Research13, AssociateProfessor7
Q10	FullProfessor4,GraduateStudent46,Publication18

表 3.8　LUBM 数据集

数据集	文件数	大小/M	三元组	加载时间/hh:mm:ss
LUBM(1,0)	15	8.0	103,157	00:05:32
LUBM(5,0)	93	50.9	639,235	00:51:19
LUBM(10,0)	102	102	1,289,897	01:54:22
LUBM(20,0)	218	218	2,769,876	04:22:54
LUBM(50,0)	542	542	6,890,754	12:37:05

表 3.9　DBLP **数据**

<rdf:RDF>
<opus:Article_in_Proceedings
rdf:about="http://dblp. uni-trier. de/rec/bibtex/conf/acl/SmolenskyT94"> <opus:last_modified_date rdf:datatype="&xsd;date">2002－01－03</opus:last_modified_date> <opus:author>　<rdf:Seq>　<rdf:li
rdf:resource="http://www. informatik. uni－trier. de/～ley/db/indices/a－tree/s/Smolensky:Paul. html" />　<rdf:li
rdf:resource= "http://www. informatik. uni－trier. de/～ley/db/indices/a－tree/t/Tesar:Bruce. html" /> </rdf:Seq>
</opus:author>
<rdfs:label>Optimality Theory: Universal Grammar, Learning and Parsing Algorithms, and Connectionist Foundations　(Abstract). </rdfs:label>　<opus:pages>271</opus:pages>
<opus:year rdf:datatype="&xsd;gYear">1994</opus:year> </opus:Article_in_Proceedings> </rdf:RDF>

如图 3.8 所示，取查询长度为 2～4 的 20 个查询，分别计算 top-10，top-15，top-20 的平均查询时间，查询时间随着 k 增加，逐渐变长，查询性能在 $k=10$ 时，查询长度对查询结果的影响最小，因此本书测试时取 $k=10$。

本书使用国际上通用的对搜索算法进行评价的机制，MRR(Mean Reciprocal Rank)$=1/n$，即如果返回的第一个结果匹配，分数为 1，第二个匹配分数为 0.5，第 n 个匹配分数为 $1/n$，如果没有匹配的结果，分数为 0。本书的查询响应时间包括查询转换的时间加上查询执行的时间。从图 3.9 可以看出随着数据集的增加，压缩实体摘要图的实体关系会更加完备，MRR 值越高。图 3.10 中的查询处理时间，取 10 次查询的平均值，从该图发现随着 RDF 数据集的增加，查询处理时间也

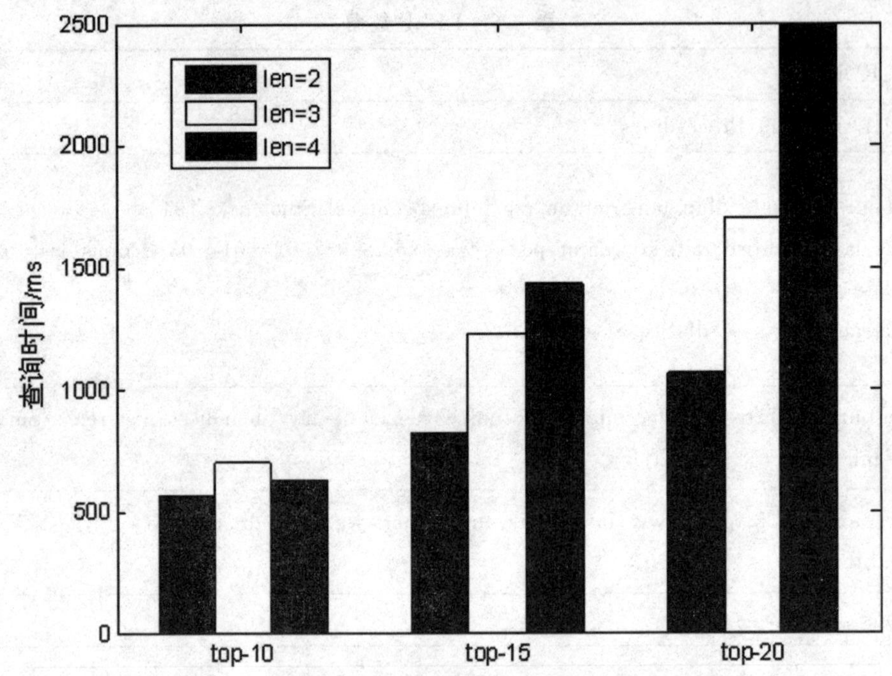

图 3.8　查询性能受不同 k 影响程度

逐渐变长，因为 Q9 包含的关键词最多，程序的循环次数因关键词数量增加而变多，所以处理时间较其他的查询更长。

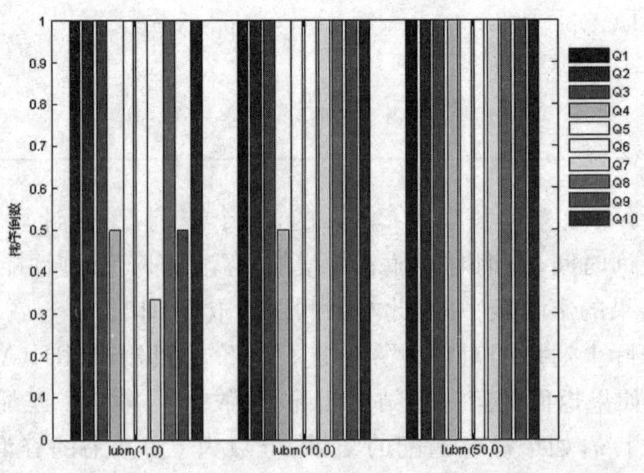

图 3.9　Q1～Q10 在不同数据集上的排序倒数

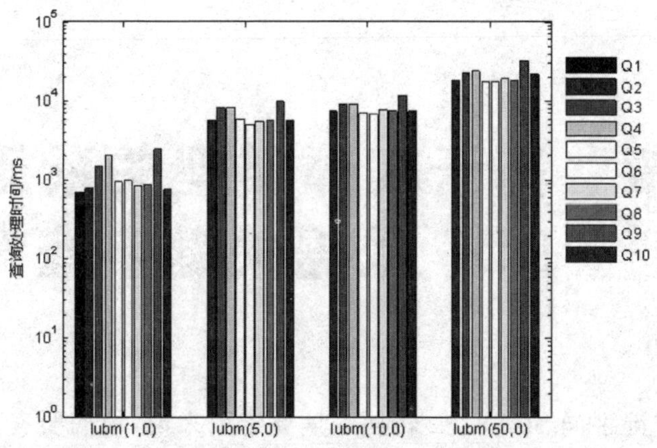

图 3.10　Q1～Q10 在不同数据集上的查询处理时间

3.5　本章小结

本章提出基于压缩实体摘要图的 RDF 数据关键字查询方法。该方法产生了较好的实验结果，将实体类型封装于实体当中而建立的压缩实体摘要图使得子图向 SPARQL 查询转换更方便、有效。从大规模的 RDF 数据中提炼出实体及实体关系，建立的基于压缩的实体摘要图比较完善，而且具有可扩展性。对于转换的 SPARQL 查询，使用一个现有的 SPARQL 搜索引擎来执行，并且利用单层索引的双向搜索算法，使得计算 *top-k* 子图的准确率更高。未来希望采取更有效的算法来更新压缩实体摘要图。考虑除了图路径以外，融合更多因素来选择 *top-k* 子图，例如，图节点间的相关性、节点的受欢迎度、利用本体信息以及尝试建立概率模型等。

第 4 章　基于实体类型关系摘要的 RDF 数据关键字查询方法

对于实现关键字向 SPARQL 转换的摘要索引来说,该摘要索引的规模大小影响着查询转换的效率和正确率,尤其当面对更大规模的 RDF 数据时,因此,本章提出基于实体类型关系摘要的 RDF 数据关键字查询方法。从 RDF 数据中提炼出资源实体的类型关系,建立实体类型关系摘要索引,把它作为基于转换的 RDF 数据关键字查询方法的转换模型。并且在该摘要中加入了 SPARQL 1.1 的属性路径操作符中的可选路径操作符“|”,对于相同类型的实体具有不同属性边的情况,通过该操作符可以将多个属性合并为一个带“|”属性路径操作符的复合边,弥补了当前基于查询转换的 RDF 数据关键字查询方法的转换索引所存在的缺陷。

4.1　问题描述

传统的 RDF 数据关键字查询是找到所有包含关键字的子图,本章提出通过找到实体之间关系来构建 SPARQL 查询的方法。用户的查询用 Q_u 表示,产生的 SPARQL 查询用 Q_S 来表示。关键字查询到 SPARQL 查询的转换以及 SPARQL 查询都需要 RDF 数据图 G,下面给出 RDF 数据图的定义。

定义 4.1 (RDF 数据图)。数据图 G 是一个二元关系组(V,E),其中:

- V 是一个有限的、不相交的节点集,由 V_E,V_T,和 V_K 构成。
- V_E 表示实体节点集合、V_T 表示类型节点集合及 V_K 表示关键字节点集合。
- E 是有限的、不相交的边集。E_R 表示连接两个实体的边集合,E_T 表示连接实体到相应类型的边集合,E_A 表示连接关键字到实体的边集合,边可以 $p(v_1,$

v_2)的形式表示,其中,v_1,v_2(V,p 是连接 v_1 与 v_2 的属性。

图 4.1 是来自 LUBM 数据集的一个实体关系的样本,通过该图说明本文方法的实现过程。RDF 数据的存储方式主要有三元组表、垂直存储以及属性表存储等。本章的方法将 RDF 三元组存放在一个单表当中,如表 4.1 所示,该表的数据来源于图 4.1。本章中的用户查询 Q_u 是一组关键字(k_1,…,k_m)的集合,系统查询 Q_S 是 SPARQL 查询,一个简单的 SPARQL 查询如下图所示:

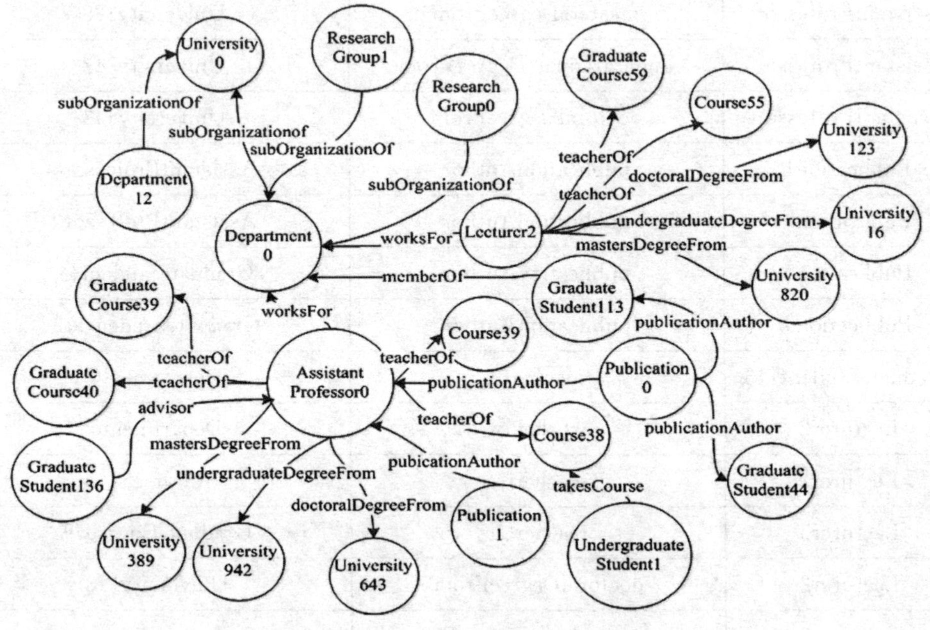

图 4.1　LUBM 数据集的实体关系图

表 4.1　单表模式

Subject	Predicate	Object
Department12	subOrganizationOf	University0
Department0	subOrganizationOf	ResearchGroup1
Department0	subOrganizationOf	University0
AssistantProfessor0	worksFor	Department0
AssistantProfessor0	teacherOf	Course39
AssistantProfessor0	teacherOf	Course38
UndergraduateStudent1	takesCourse	Course38

续表

Subject	Predicate	Object
AssistantProfessor0	teacherOf	GraduateCourse39t
AssistantProfessor0	teacherOf	GraduateCourse40
GraduateStudent136	advisor	AssistantProfessor0
AssistantProfessor0	mastersDegreeFrom	University389
AssistantProfessor0	undergraduateDegreeFrom	University942
AssistantProfessor0	doctoralDegreeFrom	University643
Publication1	publicationAuthor	AssistantProfessor0
Publication0	publicationAuthor	AssistantProfessor0
Publication0	publicationAuthor	GraduateStudent44
Publication0	publicationAuthor	GraduateStudent113
GraduateStudent113	memberOf	Department0
Lecturer2	worksFor	Department0
Lecturer2	teacherOf	Course55
Lecturer2	teacherOf	GraduateCourse59
Lecturer2	doctoralDegreeFrom	University123
Lecturer2	undergraduateDegreeFrom	University16
Lecturer2	mastersDegreeFrom	University820

SELECT *X* WHERE *P*

P 是基本的图模式，*X* 是可区别变量列表，通常用“?”或“MYM”表示。一个简单的 SPARQL 查询主要包括两个子句，用于确定查询变量的 SELECT 子句和用于条件匹配的 WHERE 子句。

构建 SPARQL 查询的关键问题是怎样将找到的子图转换成 SPARQL 查询，本文利用 SPARQL 属性路径特性直接将子图进行转换。例如，一个形式为(AssistantProfessor，worksFor→subOrganizationOf，University)的子图在本文被转换为 SPARQL 的属性路径模式(? *x* worksFor/subOrganizationOf ? *y*)，其中“worksFor/subOrganizationOf”是 SPARQL 属性路径的序列路径(详细见第 4.4.

4 节)。

4.2　查询总体框架

本节介绍基于实体类型关系摘要的 RDF 数据关键字查询方法的主要过程,如图 4.2 所示。

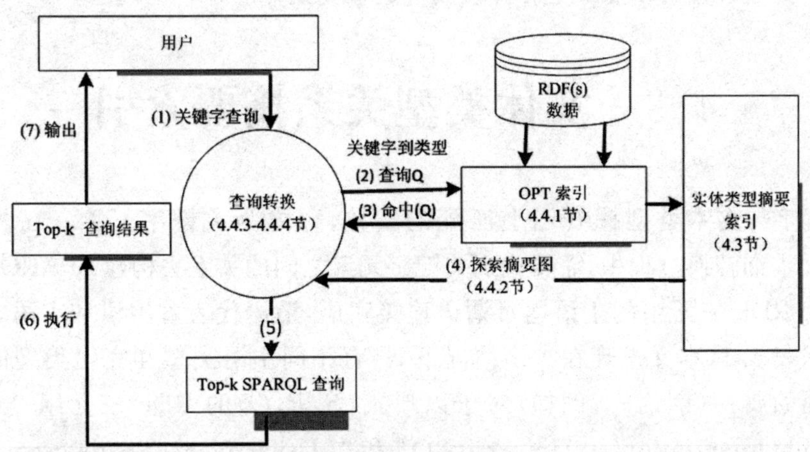

图 4.2　查询总体框架

Fig. 4.2　The query architecture

第一步,对于每个关键字查询 $Q = k_1, k_2, \ldots, k_m$,利用 OPT 索引去查找每个关键字 K_i 所属的类型 $W_i, i \in [1,m]$。(1)—(3)

第二步,对于所有可能组合 $C = W_1 \times W_2 \times \ldots \times W_m = \{c = (w_1, \ldots, w_m) \mid w_i \in W_i, i = 1, \ldots, m\}$,利用有效的图搜索算法找到 *top-k* 子图。(4)

第三步,把获得的 *top-k* 子图转换成 *top-k* SPARQL 查询。(5)

第四步,通过基本的 SPARQL 搜索引擎执行 *top-k* SPARQL 查询,并将查询结果返回给用户。(6)—(7)

图 4.1 中的关键字被映射到实体关系摘要的相应节点上。例如,顶点“AssistantProfessor0”和“Department0”被分别映射于摘要图上的节点“AssistantProfessor”和“Department”。本文将实体类型关系摘要图的边权值设置为 1。子图搜索从这 3 个匹配的节点中的任意 1 个节点开始,然后,本文需要找到连接这 3 个关键字元素的 *top-k* 子图。一个子图 $G' = \{V', E'\}$ 是一个候选答案需要满足以下两个

条件。

(1)存在一个能被所有关键字元素 $i \in [1,m]$都能到达的答案根 $r \in V'$。

(2)如果其中的一个子图的所有关键字元素到根 r 的距离和 sg =最小,那么该子图是一个最佳的候选答案。

返回的 *top-k* 子图满足以上两个条件并且按子图距离和 sg 排序。本章的子图结构定义形式为"$<r, pp_1, ..., pp_i>$",其中,pp_i 是从 r 到每个关键字元素 v_i 的属性路径。利用这个结构,获得的 *top-k* 子图可以被转换成 *top-k* SPARQL 查询,最后,再通过 SPARQL 搜索引擎执行这些查询。

4.3 实体类型关系摘要索引

关键字与实体类型摘要图上匹配的实体,称之为关键字元素。在关键字向 SPARQL 查询转换过程中,需要找到关键字元素之间的关系去构建 SPARQL 查询。

每个 RDF 三元组的主语通过谓语连接宾语,谓语代表着主语和宾语之间的关系。根据表 4.1,本文发现在大多情况下,具有相同主语类型和宾语类型的三元组具有相同的属性(谓语)。例如,对于以形式(S, P, O)的 RDF 三元组,"(Department0 subOrganizationOf University0)"和"(Department12 subOrganizationOf University0)",这两个三元组的主语类型都是"Department",宾语类型都是"University",属性都是"subOrganiztionof"。不过,对于出现不同属性的情况,本书合并这些属性。通过归纳出 RDF 数据中所有实体之间关系,构成实体类型关系的摘要索引。因为该摘要索引比 RDF 数据图小很多,所以在该摘要图上搜索比在整个 RDF 数据图上搜索效率高很多。

从目标查询的角度,SPARQL 查询考虑,本章提出了实体类型关系的摘要索引来实现子图向 SPARQL 查询转换。Tran T 等将所有的相同类型的实体都映射到摘要图上同一个类型节点①,这样处理丢失了很多关于一个类型节点如何与另一个类型节点相连接的数据结构信息。例如,在图 4.1 中,对于三元组"AssistantProfessor0 undergraduateDegreeFrom University942"、"AssistantProfessor0 mas-

① Tran T, Wang H, Rudolph S, and Cimiano P. top-k exploration of query candidates for efficient keyword search on graph-shaped (RDF) data[C]. In IEEE International Conference on Data Engineering, 2009, 405-416.

tersDegreeFrom University389”及“AssistantProfessor0 doctoralDegreeFrom University643”，他们的主语都映射到摘要图上“AssistantProfessor”节点，宾语都映射到“University”上，然而，Tran T 等的摘要图，三个类型“undergraduateDegreeFrom”、“mastersDegreeFrom”及“doctoralDegreeFrom”中只能有一种属性能被保留。无论这三个属性哪一个被保留，其他两个属性都丢失了，该方法没有考虑在摘要索引中存在两种以上属性边的情况。就这种情况而言，利用 SPARQL 属性路径操作符中的可选路径操作符“|”融合到实体类型关系摘要中，上例中的多属性边可以用“mastersDegreeFrom | undergraduateDegreeFrom | doctoralDegreeFrom”来表示。图 4.3 显示了用图 4.1 中的数据按本章方法构建的实体类型关系摘要索引。为了构建实体类型关系的摘要，首先定义基于类型的三元组，如定义 4.2。实体类型关系摘要索引的定义，如定义 4.3。

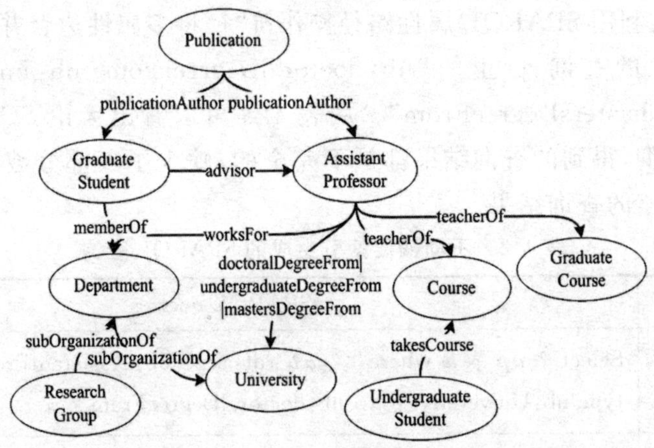

图 4.3　基于实体类型摘要样本

定义 4.2（基于类型三元组）。一个基本类型的三元组是一个三元组 $t(c_s, p, c_o)$ ($(I \cup B) \times I \times (I \cup B)$，其中，该三元组的主语和宾语通过替换该 RDF 三元组的主语类型和宾语类型获得的。给定一个基于类型的三元组 $p'(c'_s, c'_o)$，至少存在一组 RDF 数据三元组。$p'(c'_s, c'_o)$ $:= \{ p'(s,o)/p'(s,o)$ (E, type(s, c'_s) (E, type(o, c'_o) (E 并且 p' 代表连接 s 和 o 的属性$\}$

例如，“(AssistantProfessor worksFor Department)”就是一个基于类型的三元组，其中，“AssistantProfessor”、“Department”都是类型，“worksFor”是这两个类型间的关系，每个基于类型的三元组至少有一个 RDF 数据的映射。例如，“(AssistantProfessor0 worksFor Department0)”等。

定义 4.3（实体类型关系摘要图）。一个 RDF 数据图 $G(V,E)$的实体类型关系摘要图 $G'(V',E')$是基于类型三元组的聚合。每个顶点 v'(V_C? V'表示 V 中类型为 V'的节点的聚合，即((v']]：= {v/ type (v,v') (E}，每条边 $p(v'_1, v'_2) = p_1 | p_2 |, ..., | p_n$, iff $p_1, p_2, ..., p_n$，并且？i ([1,n], $p_i(s_i, o_i)$ (E∩type (s_i, v'_1) (E ∩ type(o_i, v'_2) (E, v'_1, v'_2(V', $V' = V_c \cup \{Others\}$, *Others* 表示 V 中无指定类型节点的聚合。即((*Others*]]= {v/?? c (V_c with type (v,c) (E}。

下面显示 Tran T 的实体类型关系的摘要索引，SCHEMA 方法，存在的缺陷以及本书提出的实体类型关系摘要索引的完整性。根据图 4.1 中的 RDF 数据，表 4.2 显示了通过这种摘要索引和本文提出的摘要索引产生的 SPARQL 查询。查询结果显示在表 4.3 中。Tran T 等的方法只可能产生出查询 q_1、q_2 或 q_3 中的一个查询，而本文利用 SPARQL 属性路径操作符“|”将多属性边合并成一个合成边，例如表 4.2 中的查询 q_4 里的“ub：doctoralDegreeFrom | ub：undergraduateDegreeFrom|ub：mastersDegreeFrom”。从表 4.3 可以看出无论 SCHEMA 方法产生什么样的查询，得到的查询结果都是不完全的，缺少了一部分数据信息，但是本文却返回了完整的查询结果。

表 4.2　不同摘要索引生成的 SPARQL 查询

Query Id	SPARQL queries
q_1(SCHEMA)	Select ? *ap* ? *u* where{ ? *ap* rdf：type ub：AssistantProfessor. ? *u* rdf：type ub：University. ? *ap* ub：doctoralDegreeFrom ? *u* }
q_2(SCHEMA)	Select ? *ap* ? *u* where{ ? *ap* rdf：type ub：AssistantProfessor. ? *u* df：type ub：University. ? *ap* ub：undergraduateDegreeFrom ? *u* }
q_3(SCHEMA)	Select ? *ap* ? *u* where{ ? *ap* rdf：type ub：AssistantProfessor. ? *u* df：type ub：University. ? *ap* ub：mastersDegreeFrom ? *u* }
q_4(OURS)	Select ? ap ? *u* where{ ? *ap* rdf：type ub：AssistantProfessor. ? *u* df：type ub：University. ? *ap* ub ： doctoralDegreeFrom | ub ： undergraduateDegreeFrom|ub ： mastersDegreeFrom ? *u* }

表 4.3　q_1，q_2，q_3 和 q_4 产生的 SPARQL 查询结果

Query Id	SPARQL query results answered
q_1(SCHEMA)	<http://www. Department0. University0. edu/AssistantProfessor0> ub:doctoralDegreeFrom　<http ://www. University644. edu>
q_2(SCHEMA)	<http : //www. Department0. University0. edu/AssistantProfessor0> ub:undergraduateDegreeFrom　<http : //www. University924. edu>
q_3(SCHEMA)	<http : //www. Department0. University0. edu/AssistantProfessor0> ub:mastersDegreeFrom　<http : //www. University389. edu>
q_4(OURS)	<http://www. Department0. University0. edu/AssistantProfessor0> ub:doctoralDegreeFrom　<http ://www. University644. edu> <http : //www. Department0. University0. edu/AssistantProfessor0> ub:undergraduateDegreeFrom　<http : //www. University924. edu> <http : //www. Department0. University0. edu/AssistantProfessor0> ub:mastersDegreeFrom　<http : //www. University389. edu>

接下来，介绍如何建立实体类型关系摘要索引，S_D，具体实现的算法显示在表 4.4 中。每一个 RDF 三元组包括主语、谓语及宾语三项，为了表示方便，在算法 4.4 中用 s、p 及 o 表示，"t(s,p,o)""tt (c_s,p,c_o)""t_{st}(s,type,c_s)"与"t_{ot}(o,type,c_o)"在该算法中都表示 RDF 三元组。首先，对于每个带有实体之间关系 E_R 边的 RDF 三元组，分别用该三元组的主语类型和宾语类型替换三元组原先的主语和宾语（行 2—4），将这些 RDF 三元组转换成基于类型的三元组，并将重复的基于类型三元组过滤掉。然后，将 S_D 进行初始化，用于存放实体类型关系摘要索引（行 5）。合并多边属性的操作（行 6—11），对每一个基于类型的三元组 tt_i(T_D)，如果存在基本类型三元组 tt'_j(T_D)，并且 tt'_j 的主语和宾语与 tt_i 相同但属性不相同，合并这两个基于类型三元组的属性为一个合成属性"$tt'_j.p|tt_i.p$"，并且删除 tt'_j，重复这个过程直到访问完所有的基于类型三元组。该算法的时间复杂度为 O(n^2)，n 是基于类型三元组的数量，也就是 T_D 的大小。

表 4.4　建立基于类型的摘要索引算法

Input：RDF 三元组，D
Output：S_D，基于类型的摘要
Variables：T_D，存放不同的基本类型的三元组
for 每个 RDF 三元组 $t_i(s,p,o)$? D and p (E_R and i [1,n]) 通过 $t_i(s,p,o)$，$t_{st}(s,\text{type},c_s)$和 $t_{ot}(o,\text{type},c_o)$替换原来的三元组，产生一个基于类型的三元组 $tt(c_s,p,c_o)$ 将 $tt(c_s,p,c_o)$ 插入到 T_D 中； $S_D \leftarrow \emptyset$；//初始化 S_D
for $tt_i \in T_D$ and $i \in [1,n]$
for $tt'_j \in T_D$ and $j \in [1,n]$
if tt'_j 主语等于 tt_i 的主语，tt'_j 宾语等于 tt_i 宾语，tt'_j 属性不等于 tt_i 的属性
将 $tt_i.p$ 合并成一个 $tt'_j.p \vert tt_i.p$ 的合成属性并且删除 tt'_j；
if tt_i 不在 S_D 中
将 tt_i 插入到 S_D
返回 S_D；

4.4　基于实体类型关系摘要索引的 RDF 数据关键字查询

本节描述使用基于实体类型关系摘要索引进行 RDF 数据关键字查询的过程。其中，包括 OPT 索引、*top-k* 子图搜索算法以及利用属性路径进行关键字查询转换的过程。

4.4.1　OPT 索引

本小节介绍 RDF 数据如何进行预处理获得关键字索引。本书采用 Weiss C

等的 OPS 索引去关联关键字到指定的实体①。本章中的 OPT 索引与这个 OPS 索引有些类似。不过，本文的 OPT 索引包含宾语、谓语和实体所属类型这三项。所有的具有定义 4.1 中的 E_A 和 E_T 关系的 RDF 三元组被用来构建 OPT 索引。一个宾语 O_i 与一个有 n 个属性的排序列表$\{p_1^i, {}_{p2}^{i}, \ldots,\}$相关联。每个属性 p_i 相继关联到一个排序的类型 $k_{i,j}$ 的列表上，如图 4.4 所示。例如，表 4.5 中"Standford"能够关联到一个包含两个属性项的属性向量，即"doctoralDegreeFrom"和"undergraduateDegreeFrom"属性的向量，向量里的每一个属性都关联了一个实体所属类型的列表，在这个例子中，每个属性列表只包含一个属性，分别为包含类型"AssistantProfessor"的属性列表和包含类型"GraduateStudent"的属性列表。表 4.5 中的关键字"MIT"有与"Standford"相似的结构。

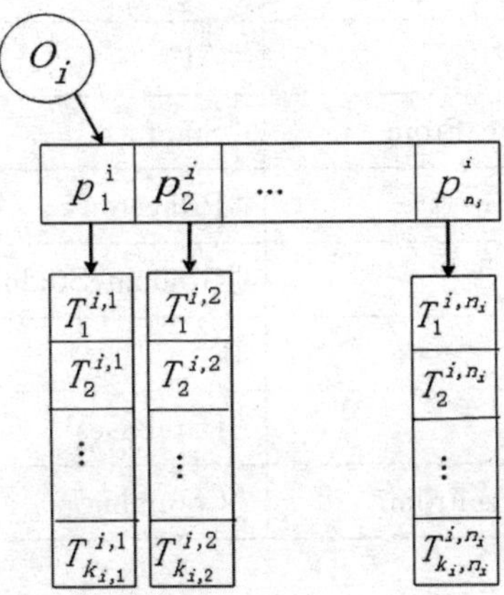

图 4.4　OPT 索引

表 4.5　RDF 三元组样例

Subject	Predicate	Object
ID_1	type	FullProfessor
ID_1	teacherOf	"AI"
ID_1	undergraduateDegreeFrom	"MIT"
ID_1	mastersDegreeFrom	"Cambridge"
ID_1	doctoralDegreeFrom	"Yale"

① Weiss C, Karras P, Bernstein A. Hexastore: Sextuple indexing for semantic Web data management [C]. In Proceedings of the VLDB Endowments, 2008, 1(1): 1008－1019.

续表

Subject	Predicate	Object
ID_2	type	AssistantProfessor
ID_2	worksFor	"MIT"
ID_2	teacherOf	"DataBases"
ID_2	undergraduateDegreeFrom	"Yale"
ID_2	doctoralDegreeFrom	"Stanford"
ID_3	type	GraduateStudent
ID_3	advisor	ID2
ID_3	teachingAssist	"AI"
ID_3	undergraduateDegreeFrom	"Stanford"
ID_3	mastersDegreeFrom	"Princeton"
ID_4	type	"GraduateStudnt"
ID_4	advisor	ID1
ID_4	takesCourse	"DataBases"
ID_4	undergraduateDegreeFrom	"Columbia"

OPT 索引不仅用于关键字索引，也用于形式为"(关键字→类型，属性)"的索引。本书用 map $Map_{property}$ 去返回给定关键字和类型的属性。例如，表 4.5 中的"Standford"和它的类型"AssistantProfessor"能够确定属性为"doctoralDegreeFrom"。然而，"Standford"和它的类型"GraduateStudent"确定属性为"undergraduateDegreeFrom"。

4.4.2 *top-k* 子图搜索

本节处理在实体类型关系摘要索引上查询包含所有关键字元素的 *top-k* 子图搜索过程。关键字在摘要图索引上匹配的实体，称之为关键字元素。搜索深度 d_{max} 被用来缩小摘要图上的搜索空间，这样本文把搜索范围限制在一个 d_{max} 的领域内。定义 4.3 的摘要图索引是一个带边标签的有向图。为了计算方便，忽略摘要图边的方向，将有向的实体类型关系摘要图转换成一个无向图，无向图 4.5 是由图 4.3 转换成的。其中，摘要图的边以表 4.7 的形式存储。V_b 和 V_e 分别表示边的起始节点和结束节点。SPARQL 1.1 的属性路径操作符“^”被用于表示反向边(宾语→主语)。例如,表 4.7 中的第四行中“^ub:worksFor”表示边“(2 ub:worksFor 6)”。为了节省存储空间,摘要图上的节点以十进制 ID 号表示,如表 4.6。类型 ID 和类型存储在一个 hashMap Map_{type} 当中,以形式“(类型 ID,类型)”来表示。Map_{type} 会被用于后面的子图转换 SPARQL 查询。具体算法的伪代码显示在表 4.8。

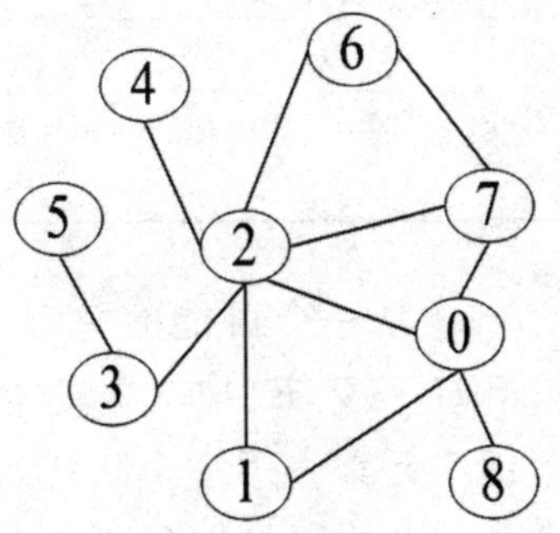

图 4.5　无向摘要图索引

表 4.6　类型表

ID	Type
0	ub:Publication
1	ub:ResearchAssistant
2	ub:FullProfessor
3	ub:UndergraduateStudent
4	ub:AssociateProfessor
5	ub:Course
6	ub:Department
7	ub:GraduateStudent
8	ub:AssistantProfessor
9	ub:TeachingAssistant
10	ub:GraduateCourse
11	ub:University
12	ub:Lecturer
13	ub:ResearchGroup

表 4.7　边结构

$V_b \to V_e$	Property
13 → 6	ub:subOrganizationOf
12 →10	ub:teacherOf
6 → 2	^ub:worksFor|^ub:headOf
9 → 8	ub:advisor
4 →11	ub: doctoralDegreeFrom | ub: mastersDegreeFrom | ub: undergraduateDegreeFrom

数据结构 $c=\{w_1,...,w_m\}$是一个可能的关键字元素组合。C 是包含所有可能的关键字元素组合的集合,$G=\{V,E\}$是一个实体类型关系摘要索引,w_i 表示摘要图上包含关键字 k_i 的关键字元素。用一个队列 S 存储每个关键字元素,向量 R 记录关联节点与所有关键字元素的属性路径以及最短路径长度,例如 $R[u]$,u 表示关联节点,其中需要维护两个结构,一个是"$<r, dist_1,...,dist_i>$",另一个是"$<r, propertyPath, w_i>$",r 是一个关联节点,$dist_i$ 表示从 r 到 w_i 的距离,用向量 $propertyPath$ 存放 r 到 w_i 的属性路径。例如,关键字"{2,8,6}"的子图结构为"<2,0,2,1>"和包含"<2,null,2>"、"<2,{worksFor,suborganizationOf},8>"、"<2,{^publicationAuthor},6>"的一个集合向量,其中,"{worksFor,suborganizationOf}"是从节点 2 到节点 8 的属性路径,"^publicationAuthor"是从节点 2 到节点 6 的属性路径。本文使用 Floyd 算法预计算摘要图上从 u 到所有其它节点的最短路径,并把该信息存储在一个哈希表 M_{NK} 中,$M_{NK}(v,w_j)$代表着从 v 到关键字元素 w_j 的最短路径,τ_{prune} 是一个剪枝阈值,代表答案 A 中的第 k 小的答案值。

表 4.8　搜索 *top-k* 子图

Input: C,一个关键字组合 $c=\{w_1,w_2,...,w_m\}$; 实体类型关系摘要图 $G=\{V,E\}$; 队列 S; 访问的节点向量,$R \leftarrow \emptyset$; 剪枝阈值,$\tau_{prune} \leftarrow \infty$

Output: A,返回的结果

for 每个组合 $c=\{w_1,w_2,...,w_m\}$ (C

　for 每个关键字元素 w (c

　　Push w into S; //将关键字元素入队列;

　　while S 不空

　　　Pop the head of S, set u=it; // 取出队头元素

　　　if u 还没被访问

续表

```
7           Call visitNode(u) to visit u; //调用访问函数访问 u;
8         for u 的每个邻居 b
9           Push b into queue S; //将 b 入队列 S;
10 Return A (如果找到答案) or nil (如果没找到)
11 visitNode(u) {
12    Insert a element,< u,⊥,...,⊥ > into R;// 插入子图结构到 R 中;
13    for j ∈[1,m]
14       if u 到第 j 个关键字元素的距离小于 d_max
15          将该距离值 M_NK(u,w_j)插入到 R[u].dist_j;
16    if 距离和 ∑_{n=1}^{m} R[u],dist_i 不是无穷大
17       for j∈[1,m]
18          Call genPropertyPath (u,w_j),set R[u].path_j = genPropertyPath (u,w_j);
19    将 u 插入 A;
20     if  A 中的元素数量大于 k
21        Set τ_prune to be the k-th smallest of {sumDist (u) |u∈ A };//设置 τ_prune 为第 k 小
的答案值;
22                }
23 genPropertyPath(u,w_j){
24     if u 到 w_j 的距离小于 1
25        Insert a property path pattern < u,property_{u→wj} ,w_j > into P;// 将谓语属性路径
模式结构插入 P;
26     else
27        Insert a property path pattern < u,ppath_{u→vn} ,v_n > into P;//将属性路径长度大于
1 的属性路径结构插入 P;
    28     Return P;             }
```

该算法包括四个主要步骤:第一步,将关键字元素组合 c 的每一个元素 w 插入到队列 S 中;第二步,如果 u 还没有被访问,就调用函数 visit(u)去访问队列 S 中的每一个元素 u,并且将 u 的邻居节点插入到队列 S 中,反复执行这些步骤直到 S 为空;第三步,执行第一步,第二步,直 C 为空;第四步,如果 A 不空返回答案 A。对于函数 visit(u),本文计算 u 到其它关键字元素的距离和(行 11—22),通过这个距离和判断是否已经找到了一个子图答案。τ_{prune} 是当前第 k 小的距离和(行 20—

21)，对于一个新节点如果是一个答案，它到所有关键字元素的距离和必定不大于τ_{prune}，特别地，一个深度值 $d_{max}=8$ 被用来防止图搜索在过大的范围上进行。函数 genPropertyPath(u,w_j)返回从 u 到 w_j 的属性(行 23—28)。该属性路径包含两种情况。一种是长度为 1 的谓语路径(行 24—25)，另一种是路径长度超过 1 的属性路径(行 26—27)。

本书使用最基本的图搜索算法，而没有用更复杂的算法去进行 *top-k* 子图的搜索，主要是因为本书建立的实体类型关系摘要图规模比 RDF 数据本身小很多，最大的摘要图也就几千个节点。另外，图的广度优先搜索算法也是一个很有效的图搜索算法。一个深度变量 d_{max} 被用来去缩小图搜索范围，从而能够避免不必要的搜索。该算法的时间复杂度为 $O((m*|C|*(d_{max}+e))$，其中，$|C|$表示所有可能的关键字元素组合的数量，m 是关键字的数量，e 是与每个头节点相邻的边的数量。算法最坏的时间复杂度为 $O((m*|C|*(|G|+e))$，其中，d_{max} 等于$|G|$，$|G|$是摘要图索引的大小。

4.4.3 SPARQL 属性路径

属性路径是 SPARQL 1.1 引入的一个新特性。一个属性路径可以被看成是穿过两个图节点的一条路线。最小的属性路径情况是路径长度为 1 的谓语路径，即三元组模式的情况。路径的终点可以是 RDF 项或者变量。变量不可以被用作路径的任何部分，只可以在端点上。属性路径允许对 SPARQL 基本图模式进行更精确的表达，并且属性路径允许任意长度路径，这增加了匹配任意两个资源连通性的能力。

一般地，从属性路径的角度，RDF 文档可以看作是一个标签图，在每个三元组中的谓语 IRI 可以看作是一个边标签。给定一个查询找到教授“AssistantProfessor0”工作的大学，两个 SPARQL 查询语句分别是 select ? *x* ? *y* ? *z* where{? *x* ub:worksFor ? *y*. ? *y* ub:subOrganizationOf ? *z*. ? *x* ub:name “AssistantProfessor0”. ? *x* rdf:type ub:AssistantProfessor. ? *y* rdf:type ub:Department. ? *z* rdf:type ub:University } 和 select ? *x* ? *z* where{ ? *x* ub:worksFor/ub:subOrganizationOf ? *z*. ? *x* ub:name “AssistantProfessor0”. ? *z* rdf:type ub:University. ? *x* rdf:type ub:AssistantProfessor}。在第二个 SPARQL 查询中本文使用了属性路径中的序列路径操作符“/”。就本章方法而言，SPARQL 查询的属性路径使得查询转换更加简单、有效。下面是 SPARQL 1.1 的属性路径表达的具体定义。

定义 4.4 (SPARQL 1.1 属性路径). $e ::= (iri) \mid (\hat{}e) \mid (e_1/e_2) \mid (e_1 \mid e_2) \mid (e+) \mid (e?) \mid (e?) \mid (!\ \{iri_1 \mid \ldots \mid iri_k\}) \mid (!\ \{\hat{}iri_1 \mid \ldots \mid \hat{}iri_k\})$

其中,定义 4.4 中的 $iri, iri_1, \ldots, iri_k$ 都表示 IRIs。以"!"开头的最后两种形式路径表达称之为反向属性集合。"$\hat{}e$"是反向路径,"e_1/e_2"是按顺序 e_1,e_2 的序列路径,"$e_1 \mid e_2$"是 e_1 或者 e_2 的可选路径。本文不考虑"$e+$","$e?$","$e?$","$!\ \{iri_1 \mid \ldots \mid iri_k\}$"及"$!\ \{\hat{}iri_1 \mid \ldots \mid \hat{}iri_k\}$",因为本文的关键字转换过程中很少遇到这几种情况。

例如,在上面例子中的"ub:worksFor/ub:subOrganizationOf"是一个序列路径,"ub:headOf|ub:worksFor"是可选路径"ub:headOf"或"ub:worksFor"。

一个属性路径模式是"$(I \cup L \cup V) \times PP \times (I \cup L \cup V)$"形式的三元组。其中,$I$ 代表 IRI,L 和 V 同定义 4.1。属性路径模式跟三元组模式不同,因为属性路径模式只允许变量在主语和宾语位置,不允许在谓语位置有变量存在,而三元组模式允许属性不可知的模式。本文方法,子图路径以类似于属性路径模式的形式存储在用"<>"表示的结构当中(算法 4.8 中的行 25,27)。例如,"<? x,{worksFor, suborganizationOf},? y>"是一个属性路径模式,其中"? x"和"? y"分别表示主语变量和宾语变量,"{worksFor,suborganizationOf}"是一个属性路径表达的集合,在后面的转换过程中,需要将这个集合转换成序列属性路径。

4.4.4　利用属性路径的关键字查询转换

一个 SPARQL 查询主要由两个部分构成,"select"子句和"where"子句。因此,本文分别构建 SPARQL 查询的这两个部分,然后再将它们合并成一个完整的 SPARQL 查询语句。算法的伪代码显示在表 4.9 中。向量 A 保留由上节算法 4.7 获得的 $top\text{-}k$ 子图,算法 4.9 主要包含四个步骤。第一步,对于 A 中的每个元素,定义变量 s_{where} 并且初始化为"where {";第二步,转换 A 中的子图的顶点和边为相应的 SPARQL 查询语句;第三步,定义变量 s_{select},并且初始化为"select distinct *",然后,合并 s_{where} 和 s_{select},并且将结果插入到向量 Q 中;第四步,执行步骤 1、步骤 2 和步骤 3 直到 A 为空或 i 等于 k。该算法的时间复杂度为 $O(k * m * |Path'|)$,其中,k 是 SPARQL 查询的数量,m 是输入的关键字的数量,$|Path'|$ 是产生的属性路径的平均长度。

4.4.4.1　子图映射

为了产生 $top\text{-}k$ SPARQL 查询,本书将算法 4.8 获得的 $top\text{-}k$ 子图转换成

top-k SPARQL 查询。一个子图向 SPARQL 查询转换的过程描述在下面。

子图中顶点的处理　把子图中的所有顶点都当作是区别变量，因此“select”子句是“select distinct ＊”，其中，“distinct”是为了避免产生重复的结果(行 8)。函数 var(v)返回“? v”，“? v”表示 SPARQL 查询变量(行 22－24)，也可以表示为“MYMv”，本书加上“?”来表示 SPARQL 查询变量。

子图路径的映射　通过检查向量 *Path* 的大小来把来自于向量 *Path* 中的子图路径转换成 SPARQL 查询的属性路径(行 11－21)。有三种情况存在，第一种就是路径长度为 1 的情况，也就是谓语路径，直接返回即可(行 14－15)。第二种情况是路径长度超过 1 的属性路径的情况，通过加上属性路径操作符中的序列路径操作符“/”来实现转换(行 16－17)。最后一种情况是遇到路径结尾时，不必再加上属性路径中的序列路径操作符“/”。

E_A 边的映射　E_A 连接关键字到相应的实体节点。每条 E_A 边都被转换成两个 SPARQL 查询的三元组模式表达式，即，(var(x) $edgeLabel_{entity\rightarrow keyword}$ $keyword$)和(var(x) rdf:type $name_{type}$)(行 6－7)，其中，$edgeLabel_{entity\rightarrow keyword}$ 是从存储 OPT 索引的 $Map_{property}$ 获得的，$name_{type}$ 是从 Map_{type} 获得的。Map_{type} 包含形式为“(关键字→主语，谓语)”对。给定关键字和它的类型，本文能得到相应的谓语。例如，给定一个关键字“Standford”和它的类型“AssistantProfessor”，根据表 4.5 中的 RDF 数据，通过两个 Map 结构 $Map_{property}$ 和 Map_{type}，本文能够得到对应三元组的谓语“doctoralDegreeFrom”，最后转换成两个 SPARQL 查询的三元组模式表达分别为‘var(x) doctoralDegreeFrom “Stanford”. ’和“var(x) rdf:type AssistantProfessor. ”。

表 4.9　产生 *top-k* 查询

Input：A，存储属性路径模式集合的变量；s_{select}，存放 select 子句的变量，s_{where}，存放 where 子句的变量，Q，产生的 SPARQL 查询；$Map_{property}$ 存储(关键字？类型，属性)对；Map_{type} 存储(类型 ID，类型)对；*Path*，属性路径向量；

Output：Q

1 **for** A is not empty and $i=1,\cdots,k$

2 　Set a string s_{where} =“where { ”;

3 　**for** $j=1,\cdots,m$

4 　　Set a property path pattern variable p = A.get(i).$path_j$;

5 　　s_{where} ← s_{where} + var ($p.s$) **transPropertyPath**($p.PP$) var($p.o$). ;

续表

```
        s_where ← s_where + var(p.o) Map_property.get(k_j → p.o) k_j.;
        s_where ← s_where + var(p.o) rdf:type Map_type.get(p.o).;
    Set a string s_select = "select distinct ?";
    s_where ← s_where + "}";
    Insert (s_select + s_where) into Q;
transPropertyPath(Path) {
    for i=0,…,Path.size()
        Set a variable pt= Path.get(i);
        if Path.size() = 1
            Set a variable pp = pt;
        if i ≤ Path.size() − 2
            Set a variable pp = pp + pt/;
        if i = Path.size() − 1
            Set a variable pp = pp + pt;
    Return pp;
                    }
var(v) {
    Return ? v; // ? v 是一个 SPARQL 查询变量。
        }
```

4.4.4.2 查询图

Qg_1 与 Qg_2 都是 SPARQL 查询实例 Q_2,"Research 5 FullProfessor9 Pubication17"生成的 SPARQL 查询。图 4.6(a)和(b)分别是 Qg_1 和 Qg_2 的查询图,因为查询 Qg_2 有与查询 Qg_1 相同的前缀,所以在 Qg_2 中省略它们。在图 4.6(a)中,连接查询变量"? 8"和"? 4"的属性路径是"ub:PublicationAuthor",这是一个路径长度为 1 的谓语路径,其中,查询变量"? 8"和"? 5"都是图 4.6(a)和(b)的关联节点。图 4.6(b)中连接查询变量"? 5"和"? 8"的属性路径是"^ub:teacherOf/^ub:publicationAuthor",这是 SPARQL 查询的一个序列路径,其中,"^"是属性路径操作符中的反向路径操作符。

```
Qg1:
prefix ub:<http://swat.cse.lehigh.edu/
onto/univ-bench.owl#>
prefix rdf:<http://www.w3.org/
1999/02/22-rdf-syntax-ns#>
select * where{
?8 ub:publicationAuthor ?4.
?4 rdf:type ub:FullProfessor.
?4 ub:researchInterest "Research5".
?4 ub:name "FullProfessor9".
?8 rdf:type ub:Publication.
?8 ub:name "Publication17". }
```

```
Qg2:
select * where {
?5        `ub:teacherOf        ?4.        ?5
`ub:teacherOf/`ub:publicationAuthor ?8.
?4 rdf:type ub:FullProfessor.
?4 ub:researchInterest "Research5".
?5 rdf:type ub:GraduateCourse.
?4 ub:name "FullProfessor9".
?8 rdf:type ub:Publication.
?8 ub:name "Publication17". }
```

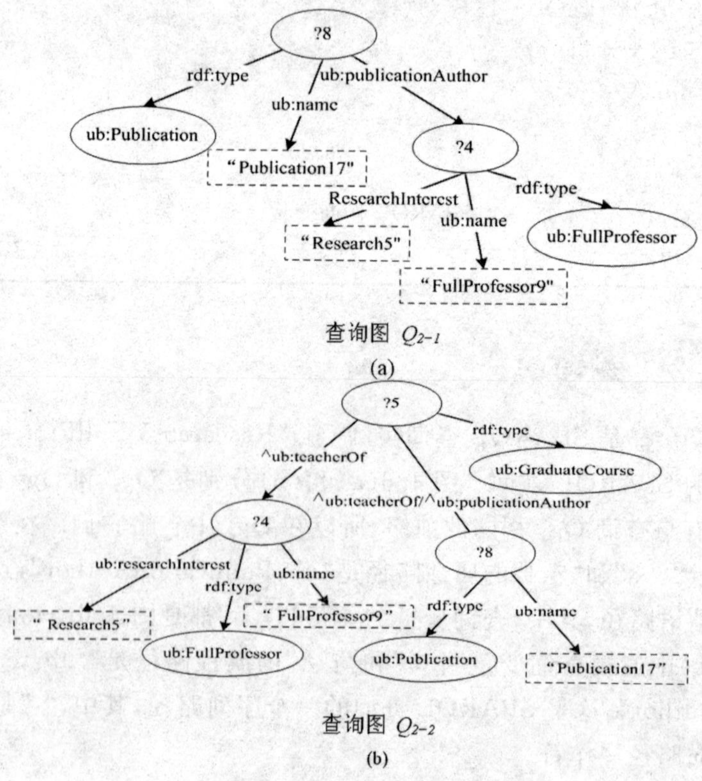

查询图 Q_{2-1}

(a)

查询图 Q_{2-2}

(b)

图 4.6 通过本章方法获得 Q2 的查询图

图 4.7 显示了根据 SCHEMA 方法，对查询 Q_2 产生的查询图。如果只有谓语路径的话，本文方法产生的查询图与 SCHEMA 方法产生的查询图相似，如图 4.6(a)所示。然而，本文发现图 4.7 比图 4.6(b)，在查询变量“? 5”和“? 8”之间存在更多的转换操作，包括查询变量“? 6”与其他节点的顶点和边之间的转换等。从图 4.7 可以看出 SCHEMA 方法产生的查询图是产生的子图中所有谓语和变量的联合，然而，本书利用了 SPARQL1.1 的属性路径直接转换子图为相应的 SPARQL 查询，这使得子图转换为 SPARQL 查询的过程更加简便、有效，而且省去了很多转换工作。

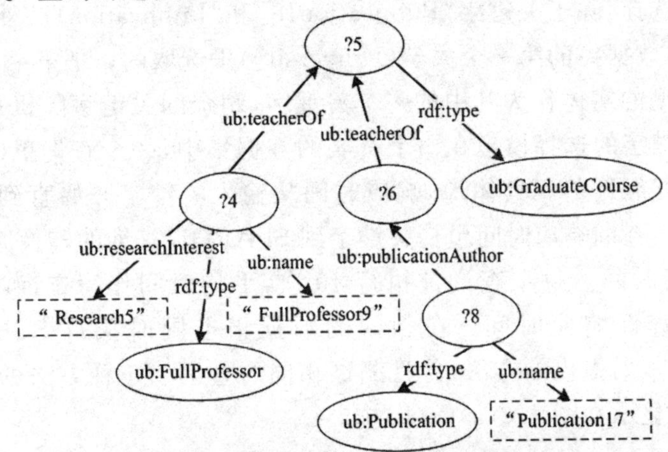

图 4.7　通过 SCHEMA 方法获得的查询图

4.5　实验评估

使用合成的 RDF 数据集 LUBM，该数据集模拟大学、部门、学生及教师等之间的关系，是 Lehigh 大学开发的并被广泛用于 RDF 数据关键字搜索评测的一个基准数据集。通过 LUBM 提供的 generator，本文获得了大小为 5,000,000 万到 28,000,000 万个三元组的 LUBM 数据集。使用的真实 RDF 数据集有 WordNet、Barton 以及 DBpedia Infobox。其中，BSBM 是 Berlin SPARQL 基准测试集，该数据集描述商品和它们的评价之间的关系。这些数据集的不同类型的数量和数据集的大小显示在表 4.10 中。本书与当今最相关的两种基于类型的摘要索引的方法 SUMM 和 SCHEMA 方法进行比较实验。不但评测构建索引的时间和大小，也比较查询响应时间。本文的实验在一个拥有 2.93GHz、双核处理器和 4G 内存的单处理机上进行。

表 4.10　数据集的大小及不同类型的数量

Size($\times 10^6$)	5	2	40	70	30

4.5.1 查询性能

表 4.11 给出了要进行评测的 12 个典型的关键字查询。对于 LUBM 数据集中的关键字的选择,除了关键字"Publication18"和"Publication17"外,其他关键字都是从 LUBM 数据集的第一个大学(University)里选取的。把第一个大学的每个 Publication 类型的实体作为其中的一个关键字,剩余的关键字随机从其他的大学挑选出来。关键字的选择模拟在一个真实的数据集中,一个查询里的所有的关键字并不都是相互靠近的。具体地,响应时间从输入关键字开始直到得到了 *top-k* 查询结果为止。查询响应时间包括关键字到 SPARQL 查询的转换时间和 SPARQL 查询的执行时间。每个查询被执行 10 次,平均时间作为查询响应时间。用 log 值来表示查询响应时间。在相同的数据集上同时执行 SCHEMA 方法、SUMM 方法及本书提出的方法,并且测试相同的查询。三种方法的对查询 $Q_1 \sim Q_{10}$ 的比较结果显示在图 4.8(a)和(b)中。

表 4.11　查询实例

Queries	Keywords
Q_1	Pulication19 Lecturer6
Q_2	Research5 Fullprofessor9 Publication17
Q_3	FullProfessor9 GraduateStudent0 Publication18 Lecturer6
Q_4	Department0 GraduateStudent1 Publication18 AssociateProfessor0
Q_5	Afghan Afghanistan al－Qaeda al－Qa0ida
Q_6	3rdbase 1stbase baseball team solo dance
Q_7	Knuth Addison－Wesley Number theory
Q_8	Data Mining SIGMOD Database Mgmt.
Q_9	Bloomberg New York City Manhattan
Q_{10}	Bush Hussein Iraq
Q_{11}	deflation railroaders
Q_{12}	ignitor microprocessor lawmaker

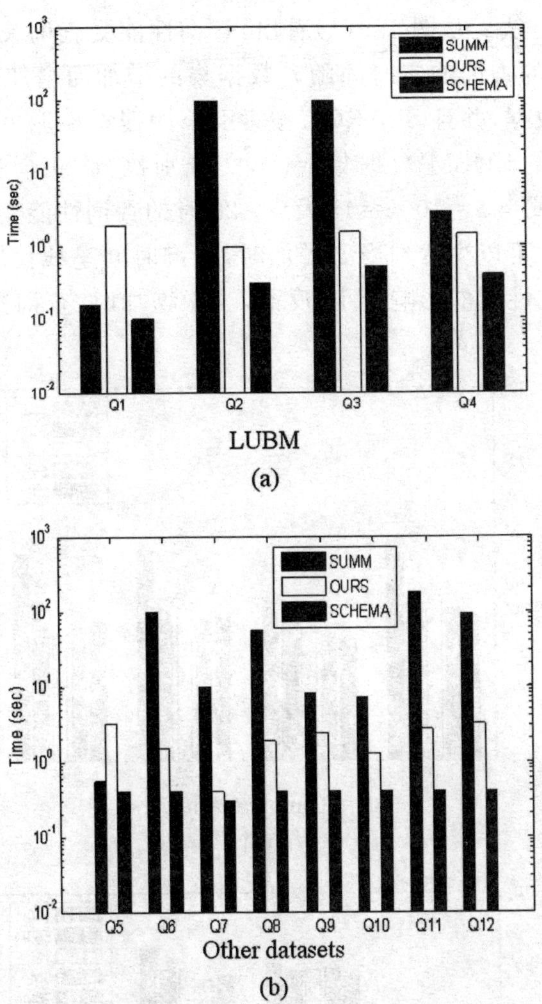

图 4.8　**查询响应时间**(a) LUBM (b)**其他数据集**

SCHEMA 方法中使用的实现转换的摘要图索引缺少了一部分实体间关系，例如，摘要图中的类型"FullProfessor"和"Department"可以有"headOf"或"worksFor"的属性关系。然而，SCHEMA 方法只保留一个属性关系，这样导致其他的属性丢失了。对于上面这种情况，使用 SPARQL 1.1 属性路径的"|"可选路径操作符连接两个属性(谓语)，因此所有的关系都能被保留。接下来，在保证查询结果正确的情况下，比较 SUMM 方法与本书提出方法的查询响应时间。比较结果显示在图 4.9(a)和(b)当中。本文变化数据集的大小从 150K 到 28M，SUMM 方法和本书方法的查询响应时间都因数据集的变大而增加。本书的方法在查询 Q_2～Q_4

上都超过 SUMM 方法。从图 4.9(a)看出，查询性能受查询关键字的数量影响不大，然而，相同查询的查询响应时间随着数据集的增加而增加。本书利用 jena 去存储和查询 RDF 数据，并且 SPARQL 搜索引擎的搜索性能也会受数据集大小的影响。对于 k 值，在 LUBM 数据集上，本文分别执行 30 个长度为 2、3 和 4 的 SPARQL 查询，测试当 $k=10$、$k=15$ 及 $k=20$ 时的查询性能变化。平均查询时间显示在图 4.10 中。可以注意到当 k 增加时，查询时间呈线性增长，另外当 $k=10$ 时，查询长度对查询性能的影响最小，反而，当 k 增加时，查询性能的影响变大，因此，本书设置 $k=10$。

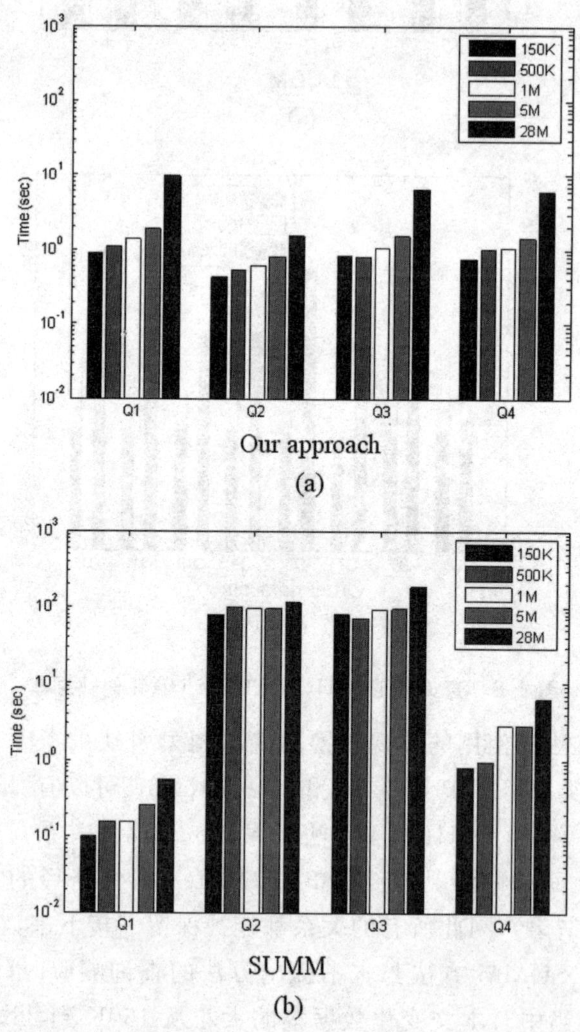

图 4.9　查询响应时间 (a) 本文方法 (b) SUMM

查询响应时间复杂度主要由算法 4.8 决定，也就是搜索 *top-k* 子图的时间。比较本书方法与 SUMM 方法和 SCHEMA 的查询响应时间复杂度。本书算法 4.8 的时间复杂度是 $O((m*|C|*(dmax+e))$，其中，$|C|$ 是关键字组合的数量，m 是关键字的数量，$dmax$ 是搜索深度，e 是每个头节点邻接的节点数量。SUMM 方法的时间复杂度为 $O(m*|K'|*m*|L|*|g|)$，其中，$|K'|$ 是匹配关键字元素的平均数量，$|L|$ 是划分中门节点的数量，$|g|$ 被访问的子图的大小。本文注意到本文的时间复杂度低于 SUMM 方法，因为，$|C|$ 的值近似等于 $|K'|*m$ 并且"$dmax+e$"小于 $|L|*|g|$。虽然 SCHEMA 方法不能保证在某些数据集中会获得完全的结果，但是该方法能够获得较低的时间复杂度，$O(m*|K'|*|N'|)$，比本书的方法低，其中，$|K'|$ 是平均关键字元素的数量，$|N'|$ 是待访问节点的邻居平均数量，$|K'|$ 小于 $|C|$，$|N'|$ 小于 e。

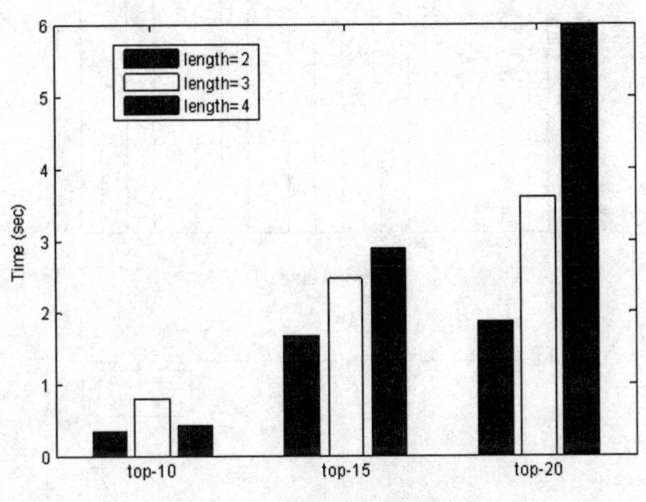

图 4.10　k 对查询性能的影响

Fig. 4.10　Impact of parameter k on search performance

4.5.2　索引性能

本书根据索引大小和索引建立的时间来评测摘要索引和 OPT 索引的性能。一般地，索引的构建时间都会受数据集大小的影响。为了比较本书方法与 SUMM 方法的索引性能，将构建索引的过程执行 10 次取平均值。在图 4.11(c)中，变化 LUBM 数据集的大小从 100,000 个三元组到 28,000,000 万个三元组。图 4.11(b)中，同时执行 SUMM 方法与本书的方法，整个索引的时间包括构建摘要索引和 OPT 索引的时间。无论 LUBM 数据集里产生了多少个大学，LUBM 数据中的类型数量是不变的，因此，摘要图顶点的数量是一定的。虽然实体间的关系是随机产生的，整个属性的数量不会超过 $n*(n? 1)/2$，其中，n 是实体类型关系摘要图的顶点的数量。如图 4.11(a)显示的，当 RDF 数据集的大小从 500K 开始，摘要图索引的大小不再有大的起伏，没有随着 RDF 三元组的数量增加而变大。由于 OPT 索引是关联关键字到指定的实体上，OPT 索引的大小随着数据集的大小呈现线性的增加。本书与 SUMM 方法比较索引性能，显示在图 4.11(b)中，本书的方法在索引性能上至少有一个数量级的提高，原因是 SUMM 方法需要将 RDF 划分为几百万个子图并且归纳这些子图找出不同的基于类型的摘要结构。

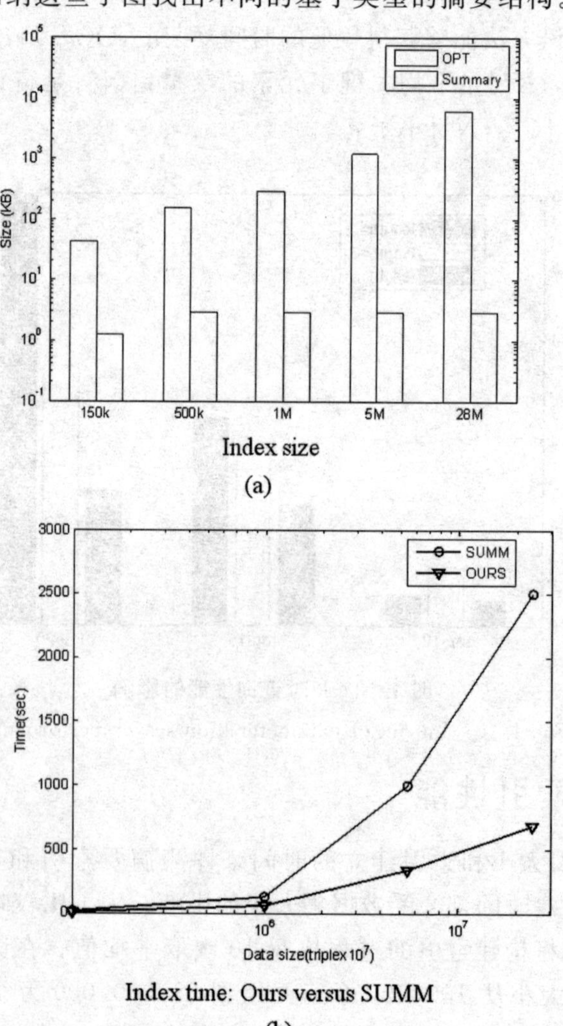

Index size

(a)

Index time: Ours versus SUMM

(b)

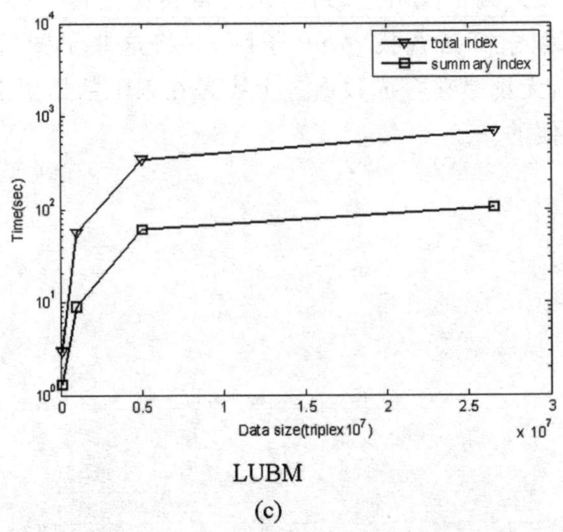

LUBM

(c)

图 4.11　**索引大小与时间** (a) **索引大小** (b) **索引时间** (c) LUBM

SUMM 方法的索引构建主要包括子图划分和基于类型的摘要索引的归纳两个过程，索引建立时间的复杂度是 $O(|T| * |V| + |P| * |S|)$，其中 $|T|$ 是 RDF 数据中不同类型的数量，$|V|$ 是 RDF 图的顶点的数量，$|P|$ 是划分的子图的数量，$|S|$ 是不同摘要结构的数量。然而，本文方法的索引构建主要由算法 4.4 完成，因此本书方法的索引时间复杂度为 $O(n^2)$，其中，n 是基于类型三元组的数量，n 小于 $|V|$，$|P|$ 和 $|S|$。因此，本书方法的索引时间复杂度比 SUMM 方法小很多。

4.6　本章小结

本章提出了一个基于实体类型关系摘要图的 RDF 关键字查询方法，为了方便普通用户对 RDF 数据查询的需要，通过基于实体类型关系的摘要将关键字查询转换为 SPARQL 查询。该方法不需要用户掌握 SPARQL 查询语法，也不需要用户了解基本数据库的 RDF 数据模式。另外，本书从 RDF 数据集中抽取数据，构建了一个完整的实体类型关系摘要索引，而且，该摘要索引是可扩展更新的。关键字查询向 SPARQL 查询转换的过程中，利用了 SPARQL 1.1 的属性路径表达，包括谓语路径、序列路径、反向路径及可选路径，这使得转换过程变得简单、有效。另外，本书使用有效的图搜索算法查找 *top-k* 子图，并将这些子图转换成 SPARQL 查询。实验结果表明，无论是在合成数据集上还是在人工数据集上，本书的方法都是稳定的、有效的、轻便的。

第5章 多索引的RDF数据关键字查询方法

基于查询转换的RDF数据关键字查询方法还存在实现查询转换的过程中没有充分利用索引来快速搜索 *top-k* 子图的问题，因此，本章提出多索引的RDF数据关键字查询方法，利用“空间换时间”的思想，在实体关系图上建立多种索引结构，包含 r—半径领域索引、r 半径领域内的最短距离索引以及 r 半径领域内的最短属性路径索引来实现 *top-k* 子图搜索和 *top-k* 子图向SPARQL查询的转换，以此来达到快速找到 *top-k* 子图的目的，更大程度地提高查询性能。

5.1 查询总体框架

本章利用预先建立的多个索引来实现关键字查询向SPARQL查询转换。虽然多个索引结构消耗了更多的存储空间，而且还有很多的索引维护开销，但在查询性能上却有了很大的提高。在关键字查询向SPARQL查询转换的实体关系图上建立三种索引，r—半径领域索引、r 半径领域内的最短距离索引以及 r 半径领域内的最短属性路径索引，这三种索引都是为关键字查询向SPARQL查询转换服务的。

本章的RDF数据关键字的查询过程主要包括两个部分，第一个部分是预计算索引。第二个部分是关键字查询向SPARQL查询转换的过程。本章方法的查询总体框架如图5.1所示，右边虚线框内是预计算索引部分，左边虚线框内是利用这些索引进行关键字查询向SPARQL查询转换的部分。

本章方法的具体实现步骤如下描述：

(1) 构建关键字－实体索引、实体关系摘要索引。然后，在实体关系摘要上建

立 r—半径领域索引、r 半径领域内的最短路径索引以及 r 半径领域内的属性路径索引。

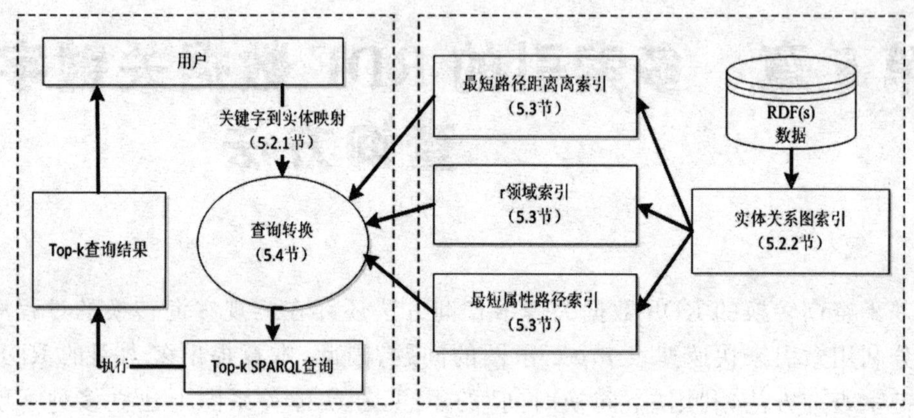

图 5.1　查询总体框架

Fig. 5.1　The query architecture

(2) 将关键字映射到实体关系图上的实体，并计算所有实体的可能组合 $W=\{(w_1,...,w_m)\}$。

(3) 根据距离和 *sumDist* ＝搜索所有包含着关键字实体的 *top-k* 子图，其中，u 表示关联节点，w_i 是匹配的关键字实体，$d(u,w_i)$是从 u 到关键字实体 w_i 的最短路径，该路径从第(1)步建立的 r 半径领域内的最短路径索引获得。

(4) 把从第(3)步得到的 *top-k* 子图转换成 *top-k* SPARQL 查询，并通过现有 SPARQL 搜索引擎来执行这些查询，并把查询结果返回给用户。

通过 LUBM 数据集，表 5.1 显示了图 5.2 中的所有 RDF 三元组。本文用图 5.2 来介绍本章提出的多索引的 RDF 数据关键字查询方法。

表 5.1　三元组表

Subject	Predicate	Object
Univ0	ub:name	"University"
Univ0	rdf:type	ub:University
Dept0	ub:name	"Department0"
Dept0	rdf:type	ub:Department
Dept0	ub:subOrganizationOf	Univ0
FullProf7	ub:worksFor	Dept0

续表

Subject	Predicate	Object
FullProf7	ub:name	“FullProfessor7”
FullProf7	ub:emailAddress	FullProfessor7@Depatment0. University0. edu
FullProf7	ub:telephone	xxx－xxx－xxxx
FullProf7	ub:researchInterest	“Research3”
FullProf7	rdf:type	ub:FullProfessor
GraduateStu201	ub:memberOf	Dept0
GraduateStu201	rdf:type	ub:GraduateStudent
GraduateStu201	ub:telephone	“xxx－xxx－xxxx”
GraduateStu201	ub:emailAddress	“GraduateStudent @ Department0. University0. edu”
GraduateStu201	ub:name	“GraduateStudent201”
AssistantProf0	ub:name	“AssistantProfessor0”
AssistantProf0	ub:emailAddress	“AssistantProfessor@Department0. University. University0. edu”
AssistantProf0	rdf:type	ub:AssistantProfessor
AssistantProf0	ub:worksFor	Dept0
AssistantProf0	ub:telephone	“xxx－xxx－xxxx”
Pub0	ub:publicationAuthor	AssistantProf0
Pub0	ub:name	“Publication0”
Pub0	ub:publicationAuthor	GraduateStu201
Pub0	rdf:type	ub:publication

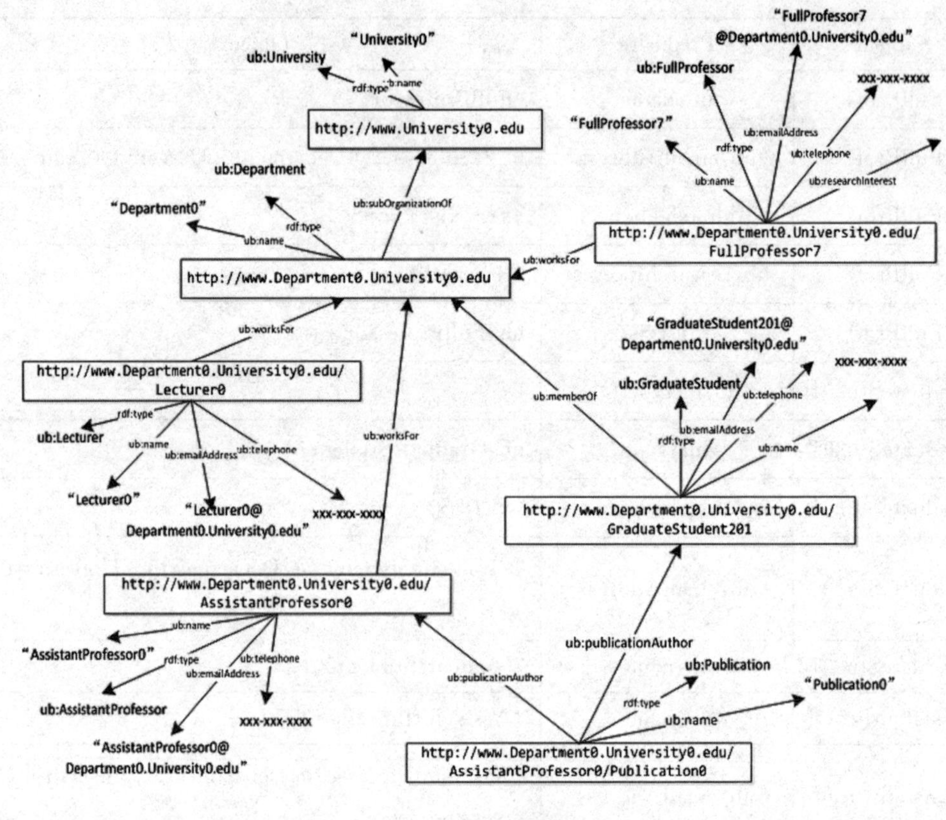

图 5.2　RDF 图

5.2　索引图数据

这一节对 RDF 数据进行预处理,并保存在一个关键字索引结构和一个图索引结构当中。另外,在图索引上建立了多个用于关键字查询向 SPARQL 查询转换服务的索引。

5.2.1　关键字索引

用于定位关键字到实体关系摘要上的相应实体的关键字索引与信息检索中的倒排索引非常相似。首先,本文利用字符串哈希函数将字符串关键字转换成相应的十进制数 IDs，把十进制 IDs 作为 B^+ 树结构的键值，然后，建立一个 B^+ 树结构去实现快速定位关键字到相应的具有谓语项的实体（主语），主语与谓语这两项都是以后转换过程中需要使用的。

从利用压缩的 B^+ 树索引能够使整个索引的存储空间远小于原始数据的角度出发，本书使用 B^+ 树结构去存储关键字索引。而且，B^+ 树结构的访问具有较少的时间复杂度。图 5.3 是本文定义的一个用于关键字一实体的 B^+ 树结构，存储在 B^+ 树叶子节点里的值是包含主语、宾语和谓语的三元组。例如，图 5.3 中作为 O_{id} 的 1、2，……，7 都是通过字符串哈希函数转换来的十进制 IDs，p_{ij}（例如，p_{11}，...，p_{61}）表示指定主语 s_{ij}（例如 s_{11}，……，s_{63}）的相应的谓语。

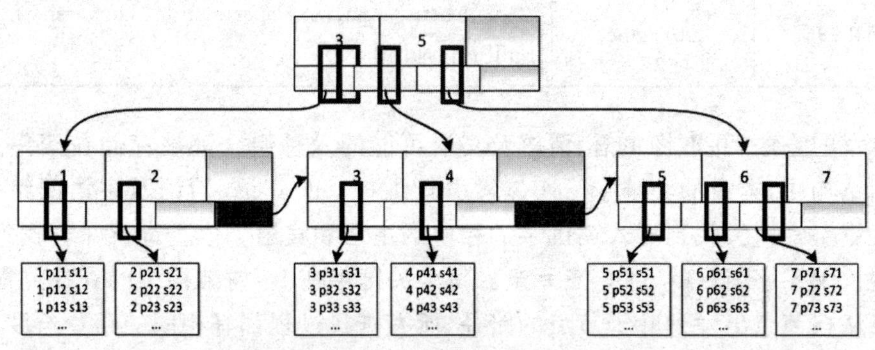

图 5.3　关键字一实体索引的 B+树结构

本章中的关键字一实体索引在 B^+ 树中的叶子节点实例显示在表 5.2 中。其中，“43549996”是字符串关键字“FullProfessor”通过字符串哈希函数转换来的十进制 ID，“5951”是主语“http://www.Department5.University0.edu/FullProfessor9”转换来的十进制 ID。本章中的所有 RDF 三元组的宾语（关键字）都利用字符串哈希函数转换成十进制 IDs，这些 IDs 用作 B^+ 树结构的键，利用文献[102]中的映射字典的方法将 RDF 三元组的主语和相应的谓语都被转换成十进制 IDs，这样以来 RDF 三元组被转换成 ID 三元组，从而实现了压缩三元组存储的目的，并且本书还压缩这些 ID 三元组。因为 *top-k* 子图向 SPARQL 转换过程中需要对应节点的谓语，所以 B^+ 树结构中的叶子节点不仅需要存储 RDF 三元组的主语还需要存储谓语。本章转换 RDF 三元组为 ID 三元组而不是简单的 IDs 方便以后的转换。

表 5.2　B^+ 树叶子节点的数据实例

Object	Predicate	Subject
43549996	ub:name	5951 (http://www.Department5.University0.edu/FullProfessor9)
43549996	ub:name	1740 (http://www.Department1.University0.edu/FullProfessor9)
43549996	ub:name	523 (http://www.Department0.University0.edu/FullProfessor9)
43549996	ub:name	7046 (http://www.Department6.University0.edu/FullProfessor9)

本章的方法,并不将主语、谓语及宾语可能的六种组合都被存储在聚集的 B^+ 树索引结构中,本章的关键字一实体索引只维护一个宾语、谓语及主语的组合,通过该关键字索引去找到输入关键字的相应的主语和宾语。该查询意味着找到所有包含输入关键字 IDs 的 RDF 三元组。每个关键字在 B^+ 树结构中的查找过程其实是一条从根节点出发到叶子节点的路径,所有查找过程都有相同的路径长度,也就是每次查找过程的性能是相同的,查找的时间复杂度为 $O(h)$,其中,h 是 B^+ 树的高度。

5.2.2　实体关系图索引

本节抽取 RDF 数据所有内部实体及其关系,建立实体关系图索引。首先,通过一个实例介绍建立该索引的动机。对于一个要找到教授“FullProfessor0”工作所在系的关键字查询实例,一个简单的 SPARQL 查询是“select ? x ? y where {? x ub:worksFor ? y. ? x rdf:type FullProfessor. ? y rdf:type Department. ? x ub:name ‘FullProfessor0’}”。对于该实例 SPARQL 查询来说,为了构建它,最主要的是需要获得查询变量“? x”与“? y”之间的关系“ub:worksFor”。所以,本文通过从 RDF 数据中提炼出实体关系构建摘要索引,用它来获得内部实体之间的关系,也就是对应查询变量之间的关系。该摘要索引的定义显示在定义 5.1。

本书将整个 RDF 数据图概括为两个索引结构,一个是关键字一实体的索引,另一个是实体关系摘要索引。该实体关系摘要索引归纳了 RDF 数据的所有实体以及实体之间的关系。关键字一实体索引包含了关键字到实体的映射关系。例如，三元组模式，？ x ub:name “FullProfessor0”，需要用关键字一实体索引来找到关键字“FullProfessor0”到指定实体的映射。

定义 5.1（实体关系图）。一个数据图 $G=(V,L,E)$ 的一个内部实体关系图 G' 是一个三元组(V',L',E')，其中，顶点 $V'=V_E$，边标签 $L'=L_R$，并且 E' ? E。E' 连接两个实体顶点，V_E 表示实体顶点集合（例如，IRIs），边 $e(v_1,{}_{v2})$ E' 存在当且仅当边 $e(v_1,v_2)E$，v_1,v_2V_E。

为了方便该摘要索引的计算，实体关系图被转换成一个无向图。图中的所有顶点用十进制 IDs 代替，边上的权值都设置为 1，图 5.4 是由图 5.2 根据定义 5.1 转换来的一个无向图。边和边的方向都被存储在一个表中便于以后的查询转换。

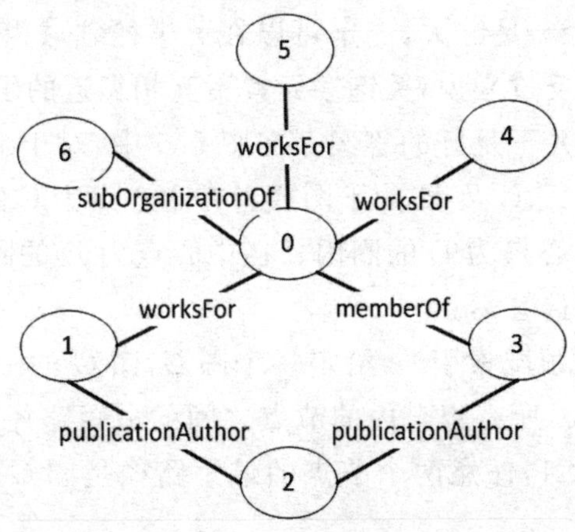

图 5.4　十进制实体关系摘要

5.3　执行动态规划算法建立多索引

本节介绍利用动态规划算法建立多个索引的具体过程，索引包含 r一半径领域索引、r 半径领域内最短距离索引以及 r 半径领域内的最短属性路径索引。

本节中的所有索引都建立在实体关系图的 r 半径领域内，r 用于控制该领域的大小。r 半径领域指的是对摘要图上的每个节点，根据指定的半径 r 划圈而得到的范围。本书把实体关系图上的每个节点都当作中心点，沿着中心点按照指定的半径大小画圈，这样将该摘要图划分为多个子块，这里的子块相当于本文的 r 半径领域。在块内搜索要比在整个摘要图上搜索花费更少的时间，因此在实体关系

图上建立 r—半径领域索引能够大大地提高执行的搜索性能。r—半径领域索引是把实体关系图上的每个节点作为中心点，从中心点出发向外 r 半径领域的排序节点的集合，定义 5.2 给出了 r—半径领域索引的定义。图探索每次都是从该节点的 r 半径领域内的节点搜索，所以 r—半径领域索引相当于一个图的搜索顺序索引。

在图 5.5 中，只有以 C、D 和 E 为中心点的 r 半径领域是用实线标识出来的。实际过程中本文会将摘要图上的每个节点都当作中心点，通过对每个中心点按指定的半径 r 画圈，本文称这些圈为 r 半径领域。在 r 半径领域内建立多个索引。通过图 5.5，多个 r 半径领域相互之间是有交叉的，因此本书不需要建立块间索引。本书假定只要半径 r 足够大，一定可以在 r 半径领域内找到连接所有关键字元素的子图，即答案。反过来说，关键字元素不互相靠近的子图对于用户来说没有包含更多有用的信息，并不是好的答案。在图 5.5 中，对于半径为 2 的 r—半径领域索引，包含三个节点 A、C 及 H 的子图或者在中心点为 C 的圈内，或者在中心点为 E 的圈内，或者在中心点为 D 的圈内。在中心点为 D 的圈内，包含了节点 A、C 和 H，所以是最佳的候选答案。

定义 5.2(r—半径领域索引)：给定一个图 G，图 G 的一个 r—半径领域索引是一个节点的集合列表，所有集合内的节点之间的最短路径距离都不超过 $2r$。图 G 边上的权值都设置为 1，任意两个节点的最短路径是图 G 上任意两个节点的最短路径边上权值的和。

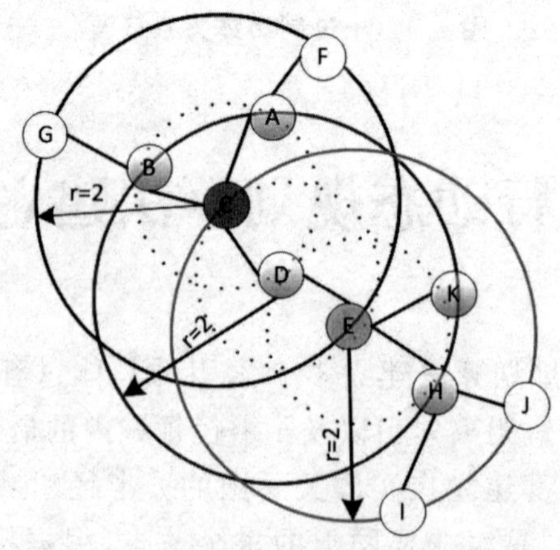

图 5.5　半径为 2 的领域

为了快速找到 $top\text{-}k$ 子图，本文在实体关系图上预计算指定半径 r 内的任意两个节点之间的最短路径距离以建立最短属性路径索引。图 5.4 是节点用十进制

IDs 表示的实体关系图，计算当半径 $r<4$ 时，图 5.4 中任意两个节点的最短路径距离，通过动态规划算法实现的图 5.4 的最短路径距离矩阵显示在表 5.3 中。

表 5.3　最短路径距离矩阵

0	1	2	1	1	1	1
1	0	1	2	2	2	2
2	1	0	1	3	3	3
1	2	1	0	2	2	2
1	2	3	2	0	2	2
1	2	3	2	2	0	2
1	2	3	2	2	2	0

接下来解释最短路径距离的计算具有动态规划算法的两个关键属性，一个是最优子结构，一个是重复子问题。表 5.3 中第三行显示了当 $r<4$ 时，从节点 2 到其他节点 0、1、2、…、6 等节点的最短路径距离。从 2 出发的最短路径计算的步骤状态显示在图 5.6 中，每次都需要使用上一步的计算结果。例如，图 5.6 中，状态 1 中，值为 1 表示存在从节点 2 到该节点的边，无穷大表示不存在直接边。当计算从节点 2 到节点 0 的最短距离时，需要计算从节点 2 到节点 1 的距离，如图 5.6 中的状态 2 中的圆圈。相似的情况当计算从节点 2 到 4、5 以及 6 的最短距离时，需要计算从节点 2 到 0 的最短距离，如图 5.6 中状态 3 的圆圈。

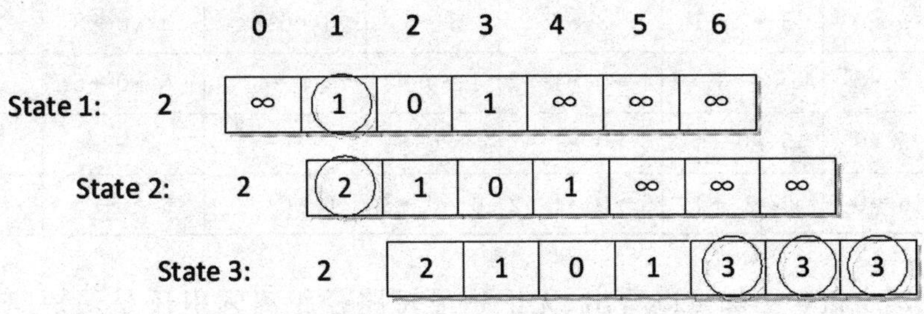

图 5.6　从节点 2 到其他节点的最短路径距离计算的步骤状态

表 5.3 是使用动态规划算法来计算的图 5.4 中的每个节点到其他节点的最短路径距离。以相同的方式计算，本文得到的最短属性路径索引和 r—半径领域索引，分别显示在表 5.4 和表 5.5 中。表 5.4 的行表示节点 0、1、…、6，列分别表示半径 $r=1$、$r=2$ 以及 $r=3$。表 5.4 中的第一行第一列表示第 0 个节点为中心点半径为 $r=1$ 领域内的所有节点的集合。表 5.5 显示的是以图 5.4 计算的半径小于 4

的最短路径索引,例如,表中的最短路径“0→1→2”表示从节点 0 到节点 2 的最短路径序列。

表 5.4 当 r<4 的 r—半径领域索引

r=1	r=2	r=3
0,1,3,4,5,6	0,1,3,4,5,6,2	0,1,3,4,5,6,2
1,0,2	1,0,2,3,4,5,6	1,0,2,3,4,5,6
2,1,3	2,1,3,0	2,1,3,0,4,5,6
3,2,0	3,2,0,1,6,5,4	3,2,0,1,6,5,4
4,0	4,0,1,3,5,6	4,0,1,3,5,6,2
5,0	5,0,1,3,4,6	5,0,1,3,4,6,2
6,0	6,0,1,3,4,5	6,0,1,3,4,5,2

表 5.5 r<4 的最短路径索引

起点 \ 终点	0	1	2	3	4	5	6
0	0→0	0→1	0→1→2	0→3	0→4	0→5	0→6
1	1→0	1→1	1→2	1→0→3	1→0→4	1→0→5	1→0→6
2	2→1→0	2→1	2→2	2→3	2→1→0→4	2→1→0→5	2→1→0→6
3	3→0	3→0→1	3→2	3→3	3→0→4	3→0→5	3→0→6
4	4→0	4→0→1→2	4→0→1→2	4→0→3	4→4	4→0→5	4→0→6
5	5→0	5→0→1	5→0→1→2	5→0→3	5→0→4	5→5	5→0→6
6	6→0	6→0→1	6→0→1→2	6→0→3	6→0→4	6→0→5	6→6

从表 5.3 和 5.4 都可以看出,无论是最短路径距离索引还是最短路径索引都存在重复。例如表 5.3 中的节点 1 到节点 2 的最短距离与节点 2 到节点 1 的最短距离是相同的,也就是说本文只要计算该矩阵的上三角或下三角就可以了。另外,为了节省存储空间,本书只存储最短路径距离矩阵的上三角形或下三角形,并以同样的处理方式存储 r 半径领域内的最短路径索引。

下面介绍具体算法来实现的实体关系图上任意两个节点的最短路径距离索引的计算过程。通过这个最短路径距离索引能够计算合并距离和以达到快速搜索

top-k 子图的目的。在 *top-k* 子图向 SPARQL 查询的转换过程中，最短路径索引是必需的。通过最短路径索引，可以产生任意两个节点的最短属性路径，例如，“1 → 0”的属性路径是“ub：worksFor”，“2 → 1 → 0”的属性路径是“ub：publicationAuthor/ub：worksFor”，其中，“/”是 SPARQL 1.1 的属性路径操作符。本书不直接存储最短属性路径，而是存储十进制 ID 的最短路径，例如“1 → 0”等，因为最短属性路径的存储需要更多的空间，该转换过程在执行时完成。实际上，只保存最短路径距阵的上三角形或下三角形。

该算法的伪代码显示在表 5.6 中。本书利用动态规划算法去实现多个索引的建立。使用 FIFO 队列 Q 去保存每一层的所有节点直到下一层的子节点都已经产生为止。

表 5.6　动态规划建立多索引算法

Input：Integer inter－entity relationship summary，G＝{V，E}，the designed radius r
Output：Map_{D}：最短距离索引，$MapP$：最短属性路径索引，$MapA$：r—半径领域索引
Variables：*AdjacentList*：以邻接链表形式存储 G，Q：队列，每个元素以（<*nodeId*，*d*，*p*>）对形式，*visited*：数组指示该节点是否访问，*MapA*：以<*center*，*neighbors*> 对形式的列表，*neighbors* 是一个排序列表
for each *i* ([1，AdjacentList. size()－1] *nodeId* ← AdjacentList. get(i)，*d* ← 0，*p* ← *nodeId*； Insert <*nodeId*，*d*，*p*> into *Q*； *visited* ← ∅；
while *Q* is not empty
<*tId*，*td*，*tp*> ← *Q*. dequeue()；
if *td* > R
break；
if visited[*tId*]is 0
Insert *tId* into *neighbors*；
if *MapD*. contains(*tId* → *nodeId*)

续表

```
13              continue;
14          MapD ← (node → tId,td);
15          MapP ← (node → tId,tp);
16          visited[tId]← 1,td ← td+1;
17          for each node adjacent to tId
18              object ← (eId,td,tp ←tp+eId),Insert object into Q;
19      MapA ← (<nodeId, neighbors>);
```

数据结构 *AdjaccentList* 是一个图的邻接链表,本文使用队列 Q 去完成递归计算。形式为($nodeId,d,p$)的每个元素包含三个属性,节点的十进制 ID $nodeId$,从起始节点出发的最短距离 d 以及从起始节点出发的属性路径 p。每当本文访问一个新节点时候,通过这三个属性就可以知道刚访问过节点的状态。$MapA$ 存储形式为($center,neighbors$)对的元素列表,其中,$center$ 为起始节点,$neighbors$ 是 r 半径领域内从起始节点出发按照距离排序的节点集合。$MapD$ 与 $MapP$ 分别存储最短距离索引和最短属性路径索引。

算法思想 对于邻接表 *AdjacentList* 中的每个节点,本文建立 r一半径领域索引、r 半径领域内的最短路径距离索引以及最短属性路径索引(表 5.6 中行 2—19)。在每次"for"迭代时,d 都被设为 0,表示该节点还没有被访问,因此该节点还没有从起始节点的距离(行 3)。将来自于邻接表 *AdjacentList* 的形式为($nodeId,d,p$)的一个元素压入队列 q 中(行 4),当 q 不空时,算法循环执行"while"语句(行 6—18)。每次迭代,取出队列 q 队首元素存放于一个形式为(tID,td,tp)的变量中,如果该节点还没被访问,就访问该节点。

为了建立 r一半径领域索引,该节点的 ID tID 被保存在一个数组 $neighbors$ 中(行 11),最短路径距离和最短路径索引分别被存储于 map $MapD$ 和 $MapP$ 当中(行 14—15)。然后,将 td 加 1(行 16)并且将节点的 $neighbors$ 进行扩展,其中,tp 暂存从起始节点扩展的路径(行 17—18)。循环重复执行直到队列 Q 为空或 td 大于 R 为止,r 是指定的半径长度。该算法时间复杂度为 $O(|V|?(|E|+|V|))$,$|E|$ 是摘要图中边的数量,$|V|$ 是摘要图中节点的数量。

5.4　多索引的 RDF 数据关键字搜索

在本小节，介绍利用在 5.3 节建立的多个索引，最短路径距离索引、最短属性路径索引及 r—半径领域索引进行 *top-k* 子图搜索的过程。

5.4.1　搜索包含所有关键字元素 *top-k* 子图

数据结构 w 是关键字元素的一个可能组合，$w=(w_1, w_2, ..., w_n)$。A 存储找到的子图答案，A 中每个元素以 $(u, sumDist)$ 对的形式，u 是关联节点，$sumDist$ 是从 u 到关键字元素 $w_1, w_2, ..., w_n$ 的最短距离和。A 中的每个元素是一个候选的子图。如果从 u 到关键字元素的任意距离是 ∞，那么 u 不可能是一个答案根。T_{prune} 表示答案阈值，用于剪枝，表示当前第 k 大的最短路径距离和，任意一个满足条件的 *top-k* 子图，它的节点的合并距离和一定不大于 T_{prune}。

算法思想是使用游标去跟踪每个关键字元素的搜索列表，searchList(w_i)，该搜索列表中的元素来源于 r—半径领域索引，即以 w_i 为中心点建立的 r—半径领域索引。利用游标 c_i 对列表 searchList(w_i)上的元素逐个搜索(表 5.7 行 5)。每当访问 searchList(w_i)上的一个节点时，就立即通过最短路径的距离索引检查关联节点到其他关键字元素的合并距离和，$DistSum = \sum_{i=1}^{m} dist(connectId, w_i)$，其中，$connectId$ 表示关联节点，dist($connected, w_i$)表示关联节点与关键字元素 w_i 的最短路径距离，m 是关键字元素的数量(行 12—13)。通过 $DistSum$ 值，能够立即决定是否已经找到一个答案根，如果 $DistSum$ 值小于剪枝阈值，该答案根被保留，否则丢掉(行 18—19)。

表 5.7　利用多索引搜索 *top-k* 子图

Input：$MapD, MapA$
Output：A：*top-k* subgraphs
1 **for** each i([1, m]

续表

```
    ci ← new Cursor(searchList(wi),0);
while ( j ([1,m]: cj. peekDist() ≠ ∞
    i ← pick from [1,m]in a round−robin fashion;
    u ← ci. next();
    for each keyword element combination w ∈ W
        if u ≠ ⊥
            visit(u,w);
            break;
visit(u,w) {
    sumDistu ← 0;
    for each j ∈ [1,m]
        sumDistu ← sumDistu +MapD. get(u → wj);
        if sumDistu < ∞
            if |A| < k
                A. add(<u,sumDistu ,w>) and Tprune ← the k−th largest of {sumDist(v)|v (A};
        else
            if sumDistu < Tprune
                insert it to A by the combined distance;
                Tprune ← the k−th largest of {sumDist(v)|v (A};
            else
                return;}
```

5.4.2 将 *top-k* 子图转换成 SPARQL 查询

通过在实体关系图上探索可以获得包含查询变量关系的 *top-k* 子图，然后将这些 *top-k* 子图转换成 SPARQL 查询。

SPARQL 查询已经被万维网联盟推荐为 RDF 数据的标准查询语言。本节显示本章实现的方法与 SPARQL 查询最相关的两个内容，select 查询形式的 SPARQL 查询与 SPARQL 属性路径模式。

SPARQL 查询存在四种查询形式，select、construct、ask 以及 describe 形式。select 查询形式是最适合也是最容易将本章获得的子图转换成 SPARQL 查询图。select 查询形式的结果直接返回变量和变量的绑定，该方式将所需变量的投影操作与引入的新变量绑定结果都返回到查询结果中。下面给出 select 形式的简单 SPARQL 查询的定义。

定义 5.3（SPARQL 查询）。一个简单的 SPARQL 查询被定义为：sparql→SELECT varlist WHERE(gp)，其中，varlist=(v_1，v_2，...，v_n)是一个排序的变量列表，并且 varlist ? var(gp)，gp 是基本的图模式，即包含三元组模式的集合。

通过 SPARQL 查询，给定一组变量名列表，变量和对应的绑定结果就能被返回。“select *”是一个省略语法形式，意味着查询中出现的所有变量都被作为结果变量返回。

SPARQL 属性路径特性增加两个资源之间通过一个任意长度路径进行匹配的能力。当一个属性路径长度为 1 时，属性路径就是 RDF 三元组模式(主语、谓语、宾语)的谓语路径，属性路径的终端可以是变量或者是 RDF 项，但是属性路径中不允许包含变量。下面是 SPARQL 1.1 中的属性路径表达的定义。

定义 5.4（SPARQL 1.1 属性路径）。e：=(iri)|(^e)|(e_1/e_2)|(e_1|e_2)|(e^+)|(e^*)|($e^?$)|(! {iri_1|...|iri_k})|(! {^iri_1|...|^iri_k})

其中，定义 5.4 中的 iri，iri_1，...，iri_k 都表示 IRIs。以“!”开头的最后两种形式路径表达称之为反向属性集合。“ẽ”是反向路径，“e_1/e_2”是按顺序 e_1，e_2 的序列路径，“e_1|e_2”是 e_1 或者 e_2 的可选路径。本文不考虑“e+”“e?”“! {iri_1| ...|iri_k}”及“! {^iri_1|...|^iri_k}”，因为本文的关键字转换过程中很少遇到这些情况。

SPARQL 查询能够表示成为一个查询图的形式，因此，每个 *top-k* 子图都可以映射成为一个 SPARQL 查询图，反之亦然。通过在上一节获得的结构形式为(u，$SumDist$，w)的子图，利用最短属性路径索引构建成一个 SPARQL 查询图。例如，图 5.7(a)中的 $u \rightarrow w_1$，$u \rightarrow w_2$，...，$u \rightarrow w_m$ 的路径可以合并连接成一个图，其中，u 是一个关联节点，w 是一个可能的关键字元素组合，p_1、p_2、p_3 和 p_m 都表示属性路径。最短路径“2→1→0”的属性路径是“ub:publicationAuthor/ub:worksFor”，其中，“/”是 SPARQL 属性路径中的序列路径操作符。

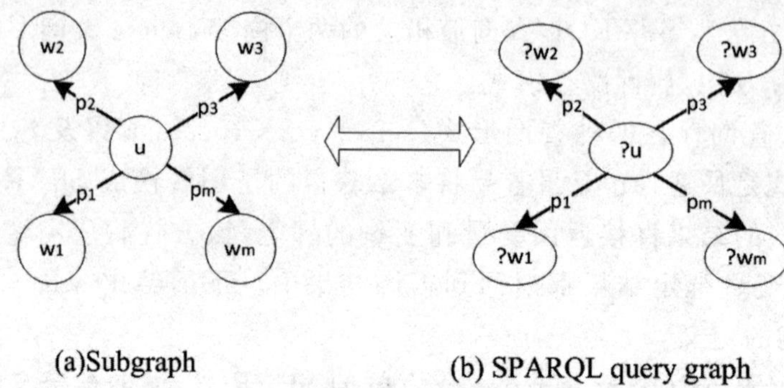

图 5.7　子图与 SPARQL 查询图之间的映射，子图 a，SPARQL 查询图 b

算法思想 A 中每个元素包含三个属性，关联节点 u，关键字元素组合 w，这两项是 *top-k* 子图向 SPARQL 查询转换过程中所必需的，*sumDist* 是上一节中搜索 *top-k* 子图时需要的，在子图向 SPARQL 转换时不需要。每次通过合并带有类型、关键字谓语及属性路径的三元组模式去构建 SPARQL 查询(行 4－10)，结果被保存在向量 Q 中(行 12)。行 3 中的“select distinct ＊ where {”和行 11 中的“}”是构建每个 SPARQL 查询所必需的。表 5.8 中的算法时间复杂度是 $O(k*m)$，其中，k 是产生的 SPARQL 查询的数量，m 是关键字的数量。

表 5.8　*top-k* 子图向 SPARQL 查询转换

Input：A：*top-k* subgraphs，*MapD*
Output：Q：*top-k* SPARQL queries
1 **for** $a \in A$
2　$(u, sumDist, w) \leftarrow a$； 3　$q \leftarrow$ select distinct ＊ where {； 4　**for** $i \in [1, m]$ 5　　$p_i \leftarrow$ property path of $u \rightarrow w_i$；
6　　$q \leftarrow q + ?\ u\ p_i\ ?\ w_i.$
7　　$predicate_i \leftarrow$ the predicate of $k_i \rightarrow w_i$
8　　$q \leftarrow q + k_i\ predicate_i\ w_i$；
9　　$type_i \leftarrow$ the type of w_i；
10　$q \leftarrow q + w_i$ rdf:type $type_i$.；
11　$q \leftarrow q+$}；
12　Q.add(q)；

5.5　实验评估

为了评测本书提出方法的索引和查询性能，在合成数据集和真实数据集上进行了大量比较实验。使用一个合成数据集 LUBM 及两个真实数据集 SwetoDblp 和 WordNet 作为实验评测数据集。LUBM(Lehigh 大学基准数据集)是 RDF 数据查询中常用的数据集，包含大学领域本体数据。SwetoDblp 是一个较大规模的本体数据集，包含计算机科学期刊和会议的出版物描述，主要来源于 DBLP 数据，包含大约 2700 万个三元组。WordNet 是 Princeton 大学开发的一种按照单词意义组成了一个英语词典，是一个英语词汇的语义网。名词、动词、形容词和副词各自被组成了一个同义词的网络，每个同义词集合都代表一个基本的语义概念，并且这些集合之间也由各种关系连接。本文和最精典的 RDF 关键字查询方法 SCHEMA 方法和 SUMM 方法进行比较，产生的 SPARQL 查询通过 SPARQL 搜索引擎来执行。

搜索的效率很大程度上取决于摘要图索引的大小，同时索引建立的时间在一定程度上也反映了索引性能。本书评测的索引包含实体关系摘要索引、关键字一实体索引、最短路径距离索引、最短路径属性索引和 r一半径领域索引。图 5.8(a) 显示了当变化 LUBM 数据集大小时，实体关系摘要索引和关键字一实体索引的索引建立时间及索引大小的变化情况。注意到实体关系摘要索引和关键字一实体索引大小比原始 RDF 数据小至少一个数量级。建立实体关系摘要索引和关键字一实体索引的时间显示在图 5.8(b)中，两个索引的建立时间都随 RDF 数据大小的增加而变长，关键字一实体索引与实体关系摘要索引都跟 RDF 数据中包含的实体数量有关，因此，RDF 数据大小的变化会影响所包含的实体数量，从而导致这两个索引的建立时间随着数据集的增多而变长。

在图 5.9(a)中，评测参数 r 对最短路径距离索引、最短属性路径索引及 r一半径领域索引的大小和建立时间的影响，注意到这三个索引大小与时间都随着参数 r 值从 1 到 7 呈现线性的增加。这是合情合理的，因为 r 值越大，就会产生更大的索引结构并且需要更多的索引建立时间。即使这样，本文的索引仍然很小，为

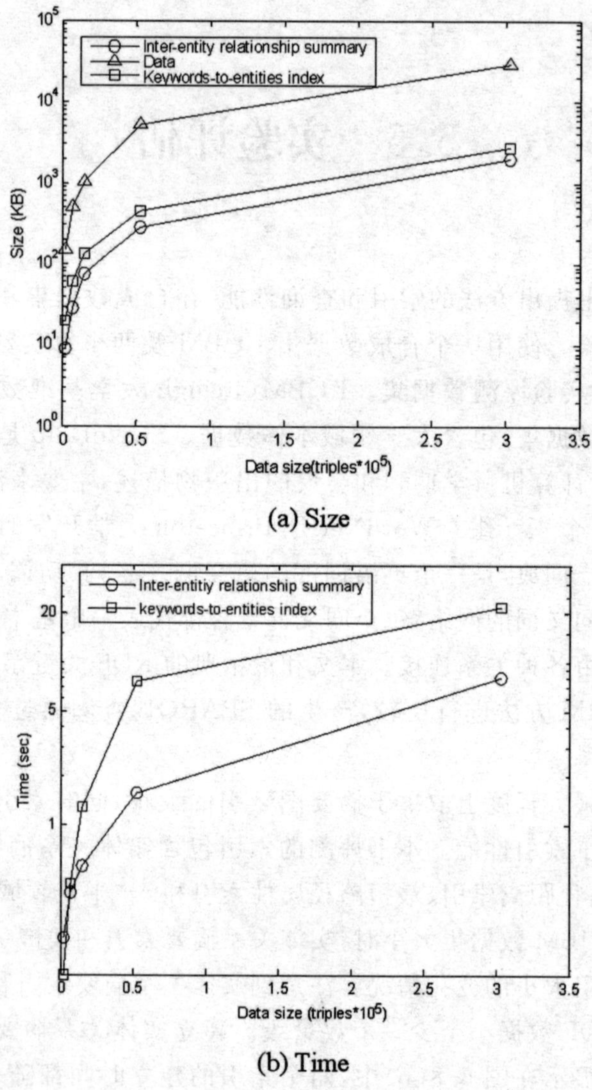

(a) Size

(b) Time

图 5.8　**索引性能:LUBM 数据集上的索引大小** a **和时间** b

0.21－39.2M,索引建立时间为 0.295－46.16s。图 5.9(b)中,利用动态规划算法同时产生以上这三种索引,因此产生这三种索引的时间都是相同的。如果参数 r 的值设置的太大会导致索引的开销过高,太小又会产生找不全答案的情况发生,本文设置 $r=7$。

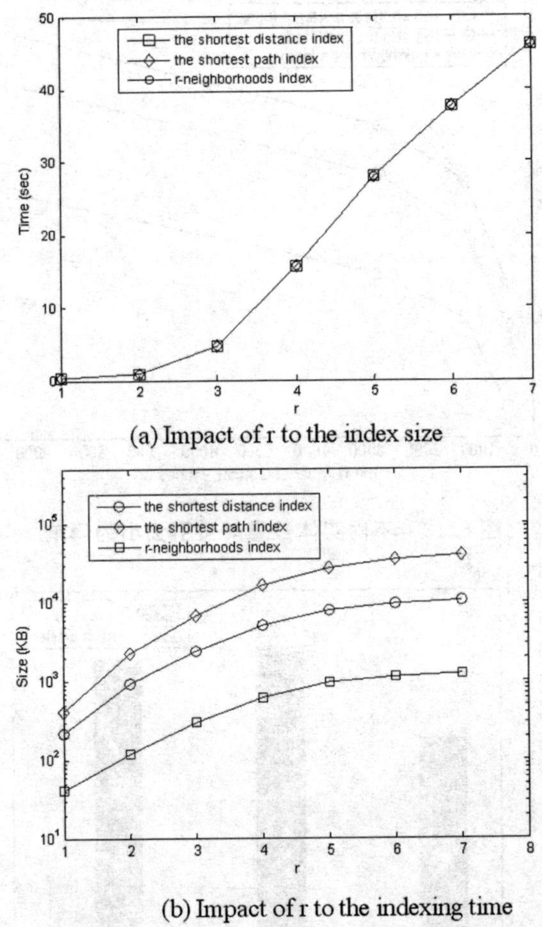

图 5.9　参数 *r* 对索引大小及索引时间的影响：大小影响 a 时间影响 b

图 5.10 显示了实体关系图上的不同实体的数量对最短路径距离索引、最短属性路径索引及 *r*—半径领域索引大小的影响，从而发现这三个索引的大小都随着不同实体的数量增加呈线性增加。虽然这样，这三种索引的大小也是比原始数据的大小小很多，如图 5.11 所示。无论是 LUBM、SwetoDblp 还是 WordNet 数据集，实体的数量都比原始 RDF 三元组的数量少很多，这说明笔者从 RDF 数据集中抽取实体关系摘要索引来缩减搜索空间是正确的而且可行的。从图 5.11 可以发现数据集 wordNet 与 SwetoDblp 比 LUBM 数据集包含更多的实体。

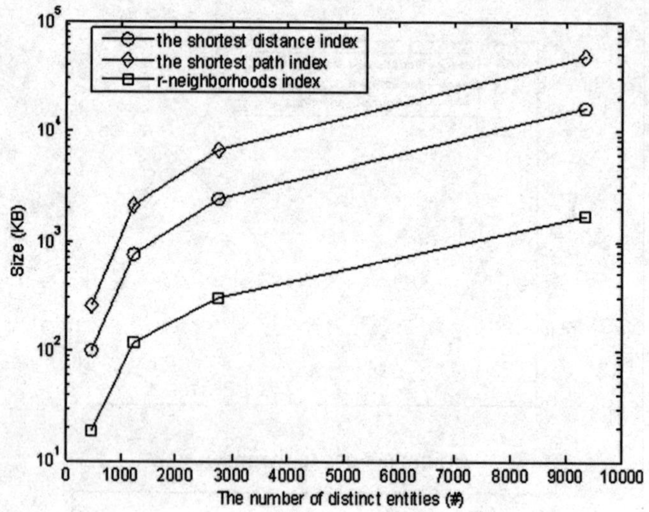

图 5.10 不同实体数量对索引大小的影响

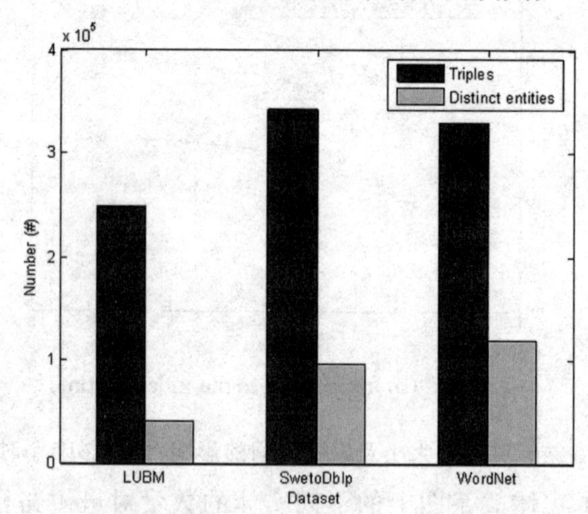

图 5.11 三元组和实体的数量

图 5.12 显示了在三个大小都是 24M 数据集上分别构建的实体关系摘要索引与关键字—实体索引的大小与时间。因为这三个数据集的图拓扑结构的不同，LUBM 数据集的大小与时间都小于其他两个数据集。LUBM 数据集对于相同大小的数据集具有最少的实体数量，因此，从图 5.12(b)可以发现这三个数据集中，LUBM 数据集构建实体关系摘要索引和关键字—实体索引的大小与时间都最小。

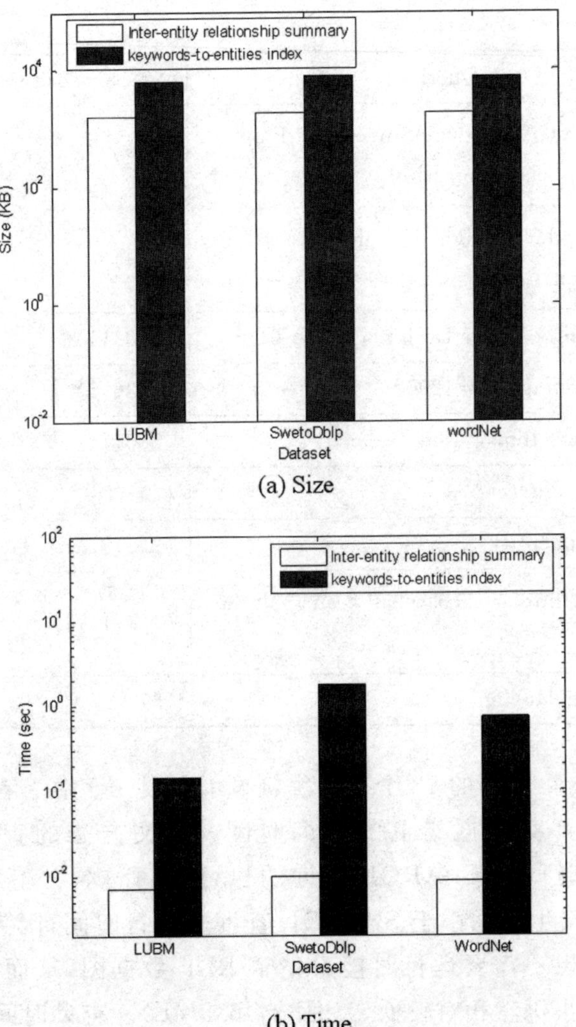

(a) Size

(b) Time

图 5.12　实体关系摘要与关键字索引的大小与时间 大小 a 时间 b

表 5.9　实例查询

	Queries	#Keyword nodes	Datasets
Q1	Publication19, Lecturer6	(53,16)	LUBM
Q2	Research5, FullProfessor9, Publication17	(32,11,196)	LUBM
Q3	FullProfessor9, GraduateStudent0, Publication18, Lecturer6	(11,37,102,16)	LUBM

续表

	Queries	#Keyword nodes	Datasets
Q4	Department0, GraduateStudent1, Publication18, AssociateProfessor0	(3,37,102,37)	LUBM
Q5	The Compiler Design Handbook, Dynamic Compilation.	(23,1)	SwetoDblp
Q6	Traditional Software Design.,2002—01—3	(6091,1)	SwetoDblp
Q7	Dynamic Compilation,2002	(1426,1)	SwetoDblp
Q8	Graph Algorithms.,1990	(585,1)	SwetoDblp
Q9	breach of contract	(2)	WordNet
Q10	nothing,nonentity	(2,2)	WordNet
Q11	first base,third base,baseball team,solo homer	(4,3,17,4)	WordNet
Q12	amphibious landing	(2)	WordNet

查询性能。本章使用的 12 个查询实例显示在表 5.9 中。图 5.13 显示了分别在合成数据集和真实数据集上的查询时间。本文方法的查询时间包括产生 SPARQL 查询的时间及 SPARQL 查询的执行时间。本文注意到图 5.13 中的 SPARQL 查询的产生时间小于 SPARQL 查询的执行时间,因为实体关系摘要索引的预先建立,所以不需要运行时搜索整个 RDF 数据图,从而提高了查询效率。即使这样,索引大小仍然相对较低(0.018—46.5MB)。查询时间主要受 SPARQL 查询的属性路径长度以及 RDF 数据的大小影响。查询执行时间会随着 SPARQL 查询的属性路径长度增加而变得更长。本书提出方法的查询时间与关键字的数量没有直接相关的影响。查询时间用 Log 值表示。

利用四个相同的查询比较本文提出方法与 SUMM 方法的查询性能,如图 5.14。虽然 SCHEMA 方法有最好的查询性能,但是因为它用于实现转换的摘要索引的构建对某种数据集是有限制的,所以会导致答案不全或找不到答案的情况出现。因此,下面的比较实验建立在保障正确结果的条件下,这里只讨论 SUMM 方法跟本书提出方法的查询性能,在图 5.14 中,本文提出的方法除了 Q1 外都超过 SUMM 方法。

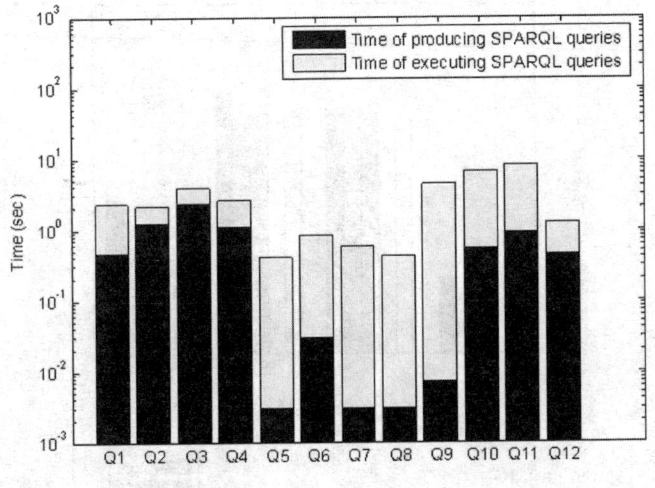

图 5.13　查询性能

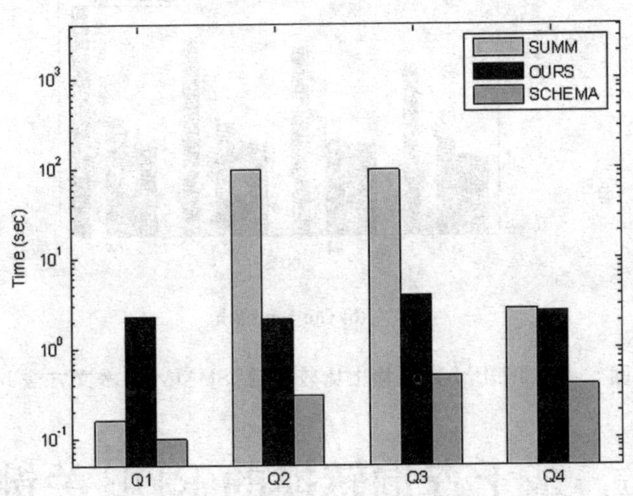

图 5.14　在 LUBM 数据集上的性能

最后，评测本书所提方法的可扩展性，图 5.15(a)与(b)分别显示了当 LUBM 数据集的大小从 150K 到 28M 变化时，SUMM 与本书方法的查询时间。注意到无论是 SUMM 方法还是本书方法，其查询时间都随着数据大小变化而增加。然而，查询时间整体上仍然是低的(1.25－100s)。随着数据大小增加，存在更多匹配的关键字元素，这将导致可能的关键字元素组合数量增加，也会影响到 SPARQL 查询的执行时间。

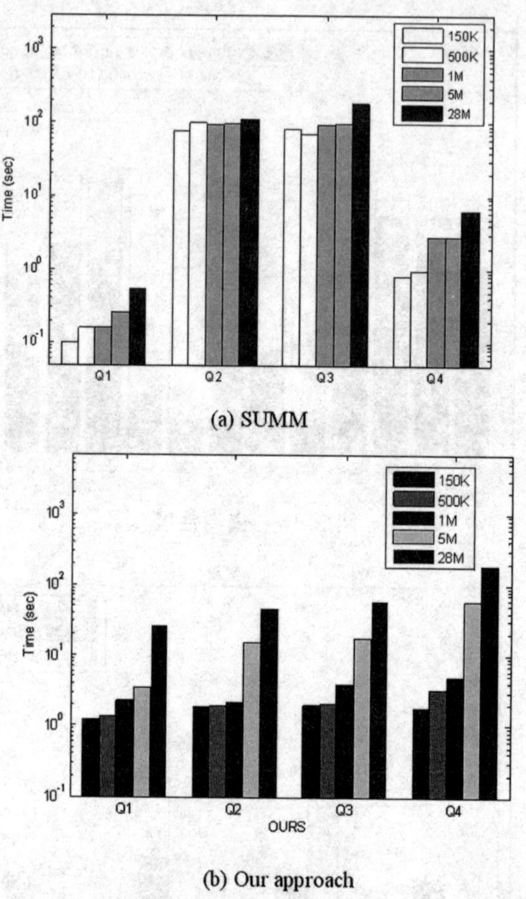

(a) SUMM

(b) Our approach

图 5.15 LUBM 数据集上比较实验:SUMM a,本文方法 b

5.6 基于查询转换的 RDF 关键字查询方法的比较

本书提出了三种不同的基于查询转换的 RDF 关键字查询方法,下面分别对这三种方法的关键字查询提出的用于关键字查询向 SPARQL 查询转换的摘要图索引、关键字查询索引及 *top-k* 子图搜索算法所进行的比较,并解释每种方法更适用的场景。

5.6.1 转换模型的比较

本书提出了三种基于查询转换的关键字查询方法，其中利用了三种不同的用于转换关键字查询到 SPARQL 查询的索引结构，本书称之为转换模型，分别是压缩实体摘要图、实体类型关系摘要图以及实体关系图。这些转换模型中的实体关系对应着 SPARQL 语句中的变量关系，这是查询转换过程所不可缺少的。

下面分别就转换模型的时间代价和空间代价对这三种转换模型进行讨论和比较。

(1) 转换模型的时间代价

本文的转换模型的时间代价是：从原有的 RDF 数据（RDF 图）中构建基于压缩实体摘要图、实体类型关系摘要图以及实体关系图所需要的时间。压缩实体摘要图将实体所属的类型信息封装到每个实体顶点上。如果不考虑实体类型，压缩实体摘要图与实体关系图是一样的。将类型封装在实体顶点上能够在子图向 SPARQL 查询图转换时更加方便，不过同样也增加了索引的存储开销，本文希望通过不同转换模型与搜索算法的组合来获得最佳的查询性能。实体关系图的类型信息是通过关键字索引获得的。实体类型关系摘要图通过利用 SPARQL 1.1 中的属性路径操作符，可选路径操作“|”，因此归纳了所有 RDF 图中实体类型之间的关系。

首先，讨论压缩实体摘要图构建的时间开销。三种转换模型的定义分别为定义 3.1、定义 4.3 以及定义 5.1。定义 3.1 是压缩实体摘要图的定义，根据这个定义需要找到具有实体（URI）－实体（URI）关系的 RDF 三元组和实体（URI）－类型（type）关系的 RDF 三元组构建一个邻接表的结构来存储压缩实体摘要图。该计算过程需要将 RDF 图中的所有的 RDF 三元组扫描一遍，设 RDF 图为 G，则所需的时间为 $O(|G|)$，$|G|$ 是 RDF 图中 RDF 三元组的数量。实体关系图的构建时间从定义 5.1 可以看出，处理过程也是扫描一遍 RDF 图，找到实体与实体关系的 RDF 三元组，构建实体关系图，时间复杂度为 $O(|G|)$。最后，讨论实体类型关系摘要图的时间开销，从算法 4.4 得知，该算法的时间复杂度 $O(|G|+|T|^2)$，$|G|$ 是 RDF 图中 RDF 三元组的数量，T 表示 RDF 图中包含的实体类型的集合，$|T|$ 远小于 $|G|$。表 3.2 是压缩实体摘要图的建立算法，该算法可以得出建立该索引的时间复杂度为 $O(n^2)$，n 是基于类型三元组的数量。

本文发现从以上这三个转换模型的时间代价上来说，压缩实体摘要图与实体关系图的时间开销最小。因为实体类型关系摘要图增加了边属性的合并操作，所以时间复杂度稍微大了一些。而实体类型关系摘要需要先扫描一遍 RDF 三元组转换实体—实体关系的 RDF 三元组为基于类型的三元组，再将这些三元组合并、归纳建立实体类型关系摘要图。所以实体类型关系摘要图的构建时间最长。

(2) 转换模型的空间代价

转换模型的空间代价指的是：将原有的 RDF 数据（RDF 图）转换为对应的压缩实体摘要图、实体类型关系摘要图和实体关系图后所需要的存储空间。这三种转换模型的存储空间都比原 RDF 数据图小很多，所以通过建立这样的转换模型可以缩减 RDF 图的搜索空间以达到提高搜索效率的目的。

首先，讨论从 RDF 图构建实体关系图的空间开销，存储实体关系图的空间开销为 $|T_R|$，T_R 表示实体（URI）—实体（URI）关系的 RDF 三元组集合，$|T_R|$。压缩实体摘要图的空间开销在这个基础上还增加了在每个实体节点上封装实体类型的开销，最后是实体类型关系摘要的空间开销，因为实体类型关系摘要图描述实体的类型之间的关系，所以需要将 RDF 图中所有实体的类型与类型之间的关系进行归纳合并，该摘要图的空间开销为 $O(|T| * (|T|-1)/2)$，T 表示 RDF 图中包含的不同类型的集合，$|T|$ 比 $|T_R|$ 小很多。总的来说，对于同样大小的 RDF 数据图，实体类型关系摘要图的存储空间要比实体关系摘要和压缩实体摘要图都小很多，但构建实体类型关系摘要图的时间复杂度比其他两种方法相对高些。

5.6.2 关键字查询的索引结构

关键字查询过程中建立索引的主要目的是为了帮助实现在线的快速查询响应。该方法起源于信息检索，关键字倒排索引是必不可少的一部分，另外，还有帮助实现快速搜索答案的其他辅助索引。在本文提出的用于为查询转换服务的不同转换模型上建立了不同的结构索引方法。在压缩实体摘要图的模型下，本文索引该摘要图上的顶点间的最短路径，建立了向前和向后搜索的结构索引。基于多索引的 RDF 关键字查询方法通过在实体关系图上建立了多个索引结构，r—半径领域索引、r 半径领域内的最短路径距离索引和最短属性路径索引来实现在实体关系图上快速找到包含所有关键字元素的 *top-k* 子图的目的。基于类型关系摘要图模型下的 RDF 关键字查询方法，因为摘要图本身的大小比 RDF 图小很多，所以没有事先建立任何帮助查找的索引结构。

下面，分别讨论这三种方法下的关键字倒排索引，即 OPS 索引、OPT 索引以及 B^+ 树结构实现的关键字索引。OPS 索引与 OPT 索引的构建方法相似。OPS 索引不必存储实体的类型，因此实体的类型封装于实体关系的摘要上。OPT 索引

不仅需要从RDF图找到具有实体一字面量关系的RDF三元组，而且还需要找到具有实体一类型关系的RDF三元组来构建OPT索引，这两个索引的时间复杂度都为O($|G|$)，空间复杂度都为$|T_L|$，T_L表示实体—字面量关系的三元组。B+树结构索引的构建相对复杂一些，字符串关键字用字符串哈希函数转换成十进制IDs，作为B+树的键，RDF三元组的主语和相应的谓语也都被转换成十进制IDs，RDF三元组转换成了ID三元组，实现了压缩三元组存储的目的。因此，该索引空间复杂度比OPS索引和OPT索引都低。该索引查找的时间复杂度为O(h)，h是树的高度。

5.6.3　*top-k* 子图搜索算法的比较

在基于压缩实体摘要图的RDF关键字查询方法中建立了两个有利于图搜索的索引结构，向后搜索链表和向前搜索矩阵。向后搜索链表，LEN(v)，该链表记录了所有能够到达实体v的节点，并按他们到达v的距离排序，该链表代表了图搜索的边界，时间复杂度是O(log$n$)，n是链表的长度。向前搜索矩阵存储任意两个节点的最短路径距离，可能通过向后搜索链表，LEN(v)获得，时间为O(1)。该方法的*top-k*子图搜索算法的时间复杂度为O($m*n$)，m是匹配的关键字实体的数量，n是LEN(v_i)链表所包含节点的平均数量。

对于基于实体类型关系摘要图的RDF关键字查询方法没有建立任何用于搜索的索引，因为该摘要图中包含的是实体类型，所以摘要图索引的规模比RDF数据本身小很多，对于本书实验的最大数据集所构建的实体类型关系摘要图中也就包含几千个节点。在该方法中，本文利用图的广度优先搜索算法(BFS)查找包含所有关键字实体的*top-k*子图，如表3.8中显示的算法。该算法的时间复杂度为O(($m*|C|*(d_{max}+e)$))，其中，$|C|$表示所有可能的关键字元素组合的数量，m是匹配的关键字实体的数量，e是与每个头节点相邻的边的数量，深度变量d_{max}去缩小图搜索范围。算法最坏的时间复杂度为O($m*|C|*(|G|+\mathrm{e})$)，d_{max}等于$|G|$，$|G|$是摘要图索引的大小。

多索引的RDF数据关键字查询方法，在实体关系图上建立了多个有助于快速查找*top-k*子图的索引结构，r一半径领域索引、最短路径距离索引以及最短属性路径索引。这些索引虽然增加了开销，但使得整个的查询效率有了很大的提高。以上的这三个索引的建立是由表5.6中的算法实现的动态规划算法，时间为O($|V|*(|E|+|V|)$)，$|E|$是摘要图中边的数量，$|V|$是摘要图中节点的数量。基于多索引的RDF关键字查询方法的*top-k*子图搜索算法显示在表5.7中，时间

为 O($m*$(L),m 是匹配的关键字实体的数量,L 表示算法中的搜索列表 searchList(w_i)所包含元素的平均数量。

将 *top-k* 子图转换成 SPARQL 查询是基于查询转换的 RDF 关键字查询方法的最后步骤。以上的这三个方法的 *top-k* 子图向 SPARQL 查询转换分别由表 3.5、表 4.9 以及表 5.8 中的算法实现。虽然 *top-k* 子图的存储结构在每种方法里都有所不同,但时间复杂度大致相同,为 O(k? m),k 是产生的 SPARQL 查询的数量,m 是关键字的数量。所以这三种方法实现的 RDF 关键字查询的搜索性能主要是由 *top-k* 子图搜索部分决定的。

5.7 本章小结

本章提出的方法集中于利用多个索引实现关键字查询向 SPARQL 查询转换。在实体关系图上为所有实体对建立最短路径距离索引、最短路径属性索引及 r—半径领域索引会耗费太多时间和存储空间,这是不切实际的。因此本书只在给定半径 r 内按照某个中心点划圈,通过这样在指定半径范围内建立这三种索引以降低建立这些索引的消耗。在转换过程中,利用 SPARQL 1.1 属性路径特性使得查询转换更加有效、方便。在合成数据集与真实数据集上的实验结果表明本章提出的方法在保证正确性的条件下能够提高查询性能。

另外,本章针对课题提出的三种不同的 RDF 数据关键字查询方法进行了分析和比较,分别比较了三种方法用于关键字查询向 SPARQL 查询转换服务的转换模型、关键字索引、*top-k* 子图的搜索算法以及用于辅助图搜索的索引结构。

转换模型中的关系对应着 SPARQL 查询中变量关系,因此,转换模型是实现查询转换所必不可少的索引结构。在对转换模型的分析中,本文发现基于压缩实体摘要图与基于实体类型关系摘要图方法的转换模型相似,但是图搜索及其中使用的有助查询的索引结构都不相同。在这三种转换模型上本文根据模型的不同分别选择了不同的搜索算法,通过尝试不同索引和算法的组合来找到更好的 RDF 关键字查询方法。从摘要图索引的空间开销发现,当 RDF 图的规模很大时,基于压缩实体摘要图的空间复杂度 O($|T|*(|T|-1)/2$),$|T|$ 是 RDF 图中包含的不同类型的数量,依然很小。不像另外两个方法,它们的摘要图的大小都为 O($|T_R|$),

T_R 表示实体一实体关系的三元组集合，会随着 RDF 数据图中 RDF 三元组的增加而变大。

在查询性能上的比较分析，利用多索引的 RDF 关键字查询方法与基于压缩实体摘要图的 RDF 关键字查询方法都事先建立了有助于 *top-k* 子图查找的索引。基于压缩实体摘要图方法建立了向后及向前搜索索引。利用多索引的 RDF 关键字查询方法建立了多个索引结构，包含 r一半径领域索引、最短路径距离索引以及最短属性路径索引，消耗了更多的存储空间。这些索引使得这两种方法在查询性能上有了很大的提高。因为实体类型关系摘要图的 RDF 数据关键字查询方法的转换模型非常小，因此基于实体类型关系摘要图的 RDF 关键字查询方法对于大规模的 RDF 数据图能够进行有效的处理，适用范围较广。相对来说，基于压缩实体摘要图与多索引的 RDF 关键字查询方法因建索引会耗费更大的时间和空间开销，所以基于压缩实体摘要图的 RDF 关键字查询与基于多索引的 RDF 关键字查询方法更适用于模式比较复杂且规模较小的 RDF 数据。

第6章 两阶段SPARQL查询优化处理

随着大规模RDF数据的出现,能够进行RDF查询的SPARQL查询语言越来越受欢迎,如何有效地执行SPARQL查询仍然是一个难题,SPARQL查询过程中大量中间结果的产生严重地影响了SPARQL查询的执行效率。对于这个问题,本文提出一个两阶段的SPARQL查询优化方法,该方法对本文生成的SPARQL查询也同样适用。第一阶段,将SPARQL查询中含有相同变量的联结划分为一块,通过每块内计算选择度重新排列联结。第二阶段,利用属性路径索引对剩余的联结进行中间结果的过滤。实验结果表明,本文的方法能够有效地减少查询的中间结果,从而提高了查询的执行效率。

6.1 引言

早期的RDF搜索系统是面向RDF三元组行存储的关系式数据库管理系统,这些系统将RDF三元组以三元组表的形式存储,利用关系式数据库管理系统的查询处理模块对RDF数据进行处理,但是这些系统对于大规模数据的可扩展性较差。SW－store,RDF－3x,x－RDF－3X,Hexastore及gStore能够有效地处理大规模的RDF数据,其中SW－store采用垂直分割存储,将三元组表按谓语进行分割能够快速合并联结。目前大多数SPARQL优化技术主要通过制定一个最优的查询执行计划来减少联结过程中产生的中间结果。查询的联结顺序会影响产生的中间结果数量,在分布式RDF系统中,减少输入的联结,比集中式存储能更有效地提高查询性能，因为网络上传输查询中间结果的开销很大。

本书提出的优化方法为两阶段优化方法，第一阶段，首先将输入的 SPARQL 查询进行分块，把含有相同变量的三元组模式划分为一块，在每块内针对只有一个变量的三元组模式按选择度进行排序，从而获得块内最优查询执行计划，选择最大选择度的三元组模式执行查询，依此类推。第二阶段，对剩余含有两个变量的三元组模式，按事先建好的属性路径索引过滤掉冗余节点，最终得到查询结果。本书不仅利用了 RDF 数据图的结构特点，即属性路径，同时也将基于关系数据库的存储模型结合起来实现 SPARQL 查询的优化处理。

6.2　SPARQL 查询及查询执行

SPARQL 已经被 W3C 推荐为 RDF 数据的标准查询语言，是一种通过在 RDF 数据上进行三元组模式匹配来获取结果的查询。一个基本的 SPARQL 查询主要由 SELECT 子句和 WHERE 子句两部分构成，其中，"pattern1""pattern2"，等都是三元组模式，操作符". "联结两个三元组模式，每个三元组模式都由主语、谓语、宾语构成，并且这三项或者为文字、或者为变量，查询将已知的用文字表示，未知的用变量表示，如下面查询实例所示。

SELECT ? variable1 ? variable2…

WHERE {pattern1. pattern2. … }

下面是 LUBM 基准给出的第 9 个查询实例 Q_9，该实例查询所有学生、教师及课程且满足学生上的课程由教师讲授，该授课老师是学生的指导教师，其中，前两行"rdf""ub"都是前缀，"? X rdf:type ub:Student"等都是三元组模式。本文处理的 SPARQL 查询可以包含谓语为变量的三元组模式，详见第 6.3.2 小节。

PREFIX rdf: <http://www. w3. org/1999/02/22-rdf-syntax-ns#>

PREFIX ub: <http://www. lehigh. edu/~zhp2/2004/0401/univ-bench. owl#>

SELECT ? X ? Y ? Z

WHERE{ ? X rdf:type ub:Student .

? Y rdf:type ub:Faculty .

? Z rdf:type ub:Course .

? X ub:advisor ? Y .

? Y ub:teacherOf ? Z .

? X ub:takesCourse ? Z }

该实例的一个查询执行计划如图 6.1 所示,是一棵操作树。SPARQL 查询都由多个联结构成,因此不恰当的查询联结顺序会导致大量冗余中间结果的出现。如表 6.1 中所示,第三行、第四行都是联结过程中产生的中间结果数量,第四行"P4? P5? P6"联结产生 600,000 个中间结果,但是最后的结果中只有 2000 个,因此在这个过程中至少产生了 598,000 个冗余的中间结果,也就是说每一个联结的结果集大小,都会影响下一次联结操作。因此为了尽可能地减少中间结果,在第一阶段,本书调整了联结顺序,将产生较少中间的结果的联结放在前面执行;在第二阶段,通过属性路径索引对剩余的三元组模式过滤掉冗余节点,详见第 6.3 节。

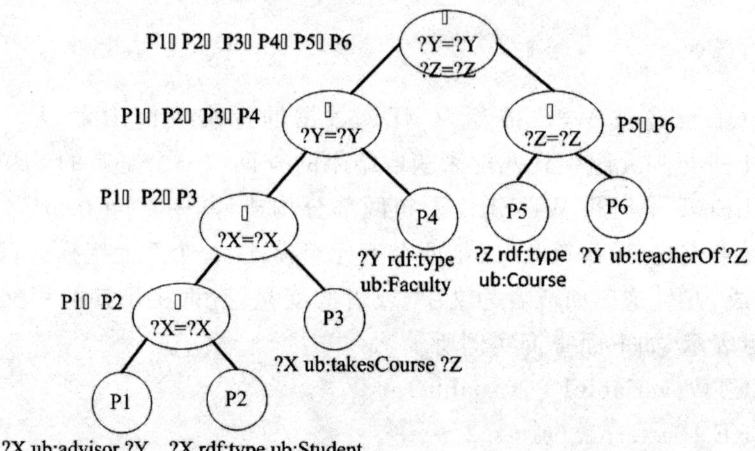

图 6.1 Q_9 的一个查询执行计划

表 6.1 不同联结产生的中间结果数量

不同联结	中间结果数量
P1? P2? P3? P4? P5? P6	2000
P1? P2? P3	1,000,000
P4? P5? P6	600,000

6.3　SPARQL 查询优化

本书的两阶段 SPARQL 查询优化方法，将 SPARQL 查询当作图而不是树来处理。系统流程图如图 6.2 所示。第一阶段，将 SPARQL 查询图进行分块，在块内按每个联结代价重新排序并执行部分联结，代价的估计根据联结产生中间结果的数量。第二阶段，利用最长属性路径索引过滤掉冗余的中间结果，本书过滤的时候，用最长属性路径进行匹配过滤，而不是某一个路径长度范围内的所有属性路径进行过滤，避免了过多的重复计算，提高了查询效率，详见第 6.3.2 节。

本书的查询执行计划是一个图而不是一棵树，便于重用块内联结的结果，图 6.3a 是 Q_9 的查询图。在第一阶段，将 SPARQL 查询图按含有相同的联结变量分块，图 6.3b 是 Q_9 查询图的一个分块，根据三元组模式将含有相同的联结变量“? X”，划分为一块。当然，含两个变量的三元组模式，例如“? X ub:advisor ? Y”可以划分到以变量“? X”划分的块，也可以划分到以变量“? Y”划分的块中。每个分块内部都属于星型联结，星型联结是主语与主语相连，例如，上例中 P1? P2，P1? P3 都属于星型联结，将星型联结中对属性的描述的三元组模式（含一个变量）按选择度大小重新排序，执行部分联结，以此来过滤掉部分冗余中间结果。

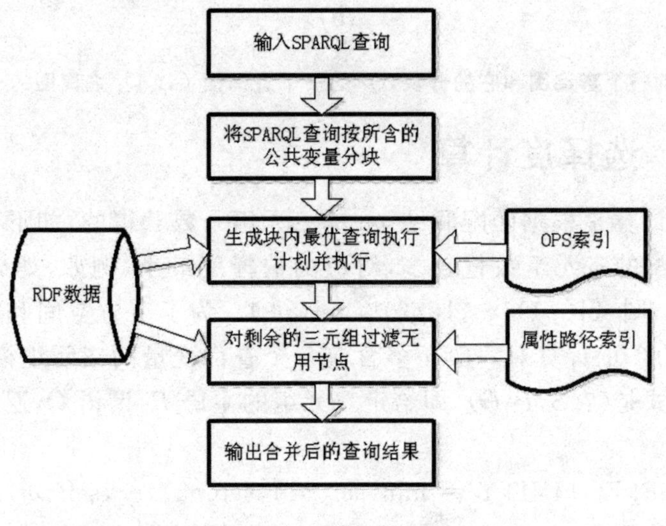

图 6.2　系统流程图

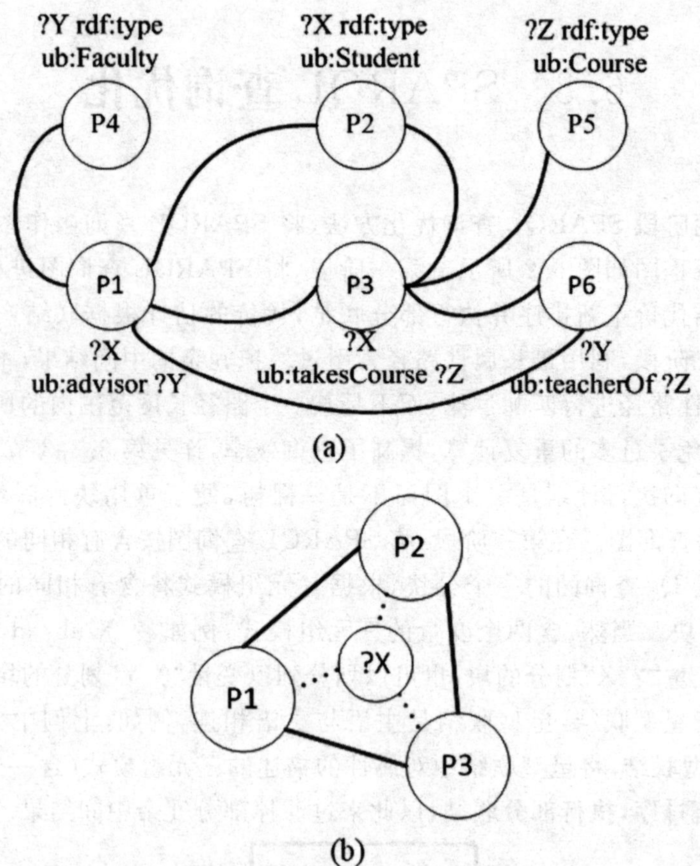

图 6.3　Q_9 的一个查询图和它的分块，Q_9 的一个查询图（a），Q_9 查询图的一个分块（b）

6.3.1　选择度计算

选择度的计算是根据匹配联结 pn 的三元组个数获得的，如下面公式 6.1 所示。相应的匹配的三元组数量越多，对应的选择度最小，例如，如果 $\#(p1)<\#(p2)<\#(p3)$，则 $\text{sel}(p1)>\text{sel}(p2)>\text{sel}(p3)$。为了节省空间和时间，SELECTIVITY（选择度）的计算对一般至多含有一个查询变量的三元组模式，最频繁的一种三元组模式是（？S,P,O），即给定三元组的主语 P，谓语 O，返回对应三元组中主语 S 的值。

$$\text{SELECTIVITY} = \min(\text{sel}(p1),\text{sel}(p2),\cdots,\text{sel}(pn)) \tag{6.1}$$

为了计算选择度，本文建立一个 OPS（宾语、谓语、主语）索引，通过指定宾语和谓语可以获取对应主语 id 列表和匹配的三元组个数，以此来实现块内最优执行计划，结构如表 6.2 所示。目的是先执行联结次数较少的联结，尽量减少不必要的联结。

表 6.2 OPS 索引

Object	Predicate	SubjectID
"FullProfessor0"	Name	1(FullProfessor0)
"University0"	Name	2(University0)
"Department0"	Name	3(Department0)
…	…	…

6.3.2 属性路径索引

属性路径索引是从 RDF 数据图中提取的，本书的 RDF 数据图的定义见定义 6.1。

定义 6.1 (RDF 数据图)。一个 RDF 数据图是一个元组(V, L, E)，其中，V 是一个有限的节点集，V_E 表示实体节点，V_C 表示类节点和 V_V 表示数据节点，构成不相交的并集 $V_E V_C V_V$。L 是一个有限的边标签集合，$L = L_R L_A$ {type，subclass}，其中 L_R 代表实体之间的边，L_A 代表实体和数据值之间的边。E 是一个有限的边集，边的形式为 $e(v_1, v_2)$，其中 $v_1, v_2 \in V_E, e \in L$，只有 $v_1, v_2 \in V_E, e \in L_R$；$e \in L_A$ 当且仅当 $v_1 \in V_E$ 且 $v_2 \in V_V$；$e=$type 当且仅当 $v_1 \in V_E$ 且 $v_2 \in V_C$；及 $e=$subclass 当且仅当 $v_1, v_2 \in V_C$。

本书定义一个 RDF 实体关系图以用于建立属性路径索引，如定义 6.2。

定义 6.2 (RDF 实体关系图，G')。一个 RDF 实体关系图 G' 是一个三元组(V',L',E')，其中顶点 $V' = V_E$，边标签 $L' = L_R$，且 E' E，E'连接两个实体节点。V_E 表示实体顶点的集合(例如，IRIs)，只有 RDF 数据中存在边 $e(v_1, v_2)$ E' 并且 v_1, v_2 V_E，RDF 实体关系图中存在边 $e(v_1, v_2)$ V_E。

本书的属性路径索引是建立在 RDF 实体关系图上，不包括数据值，类型的三元组，如图 6.4 所示。包含数值的三元组在第一阶段进行处理。

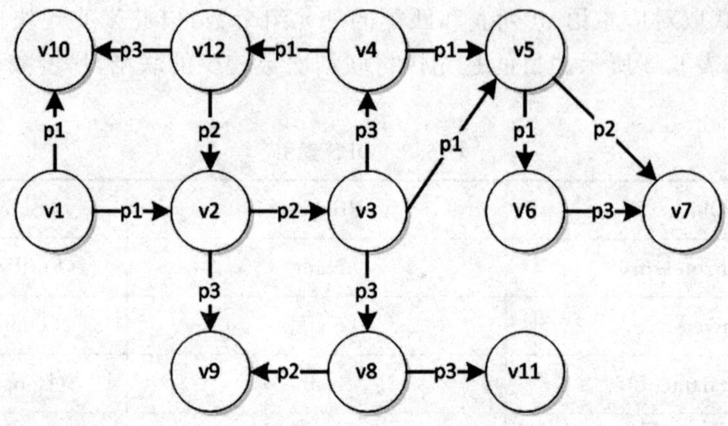

图 6.4　RDF 实体关系图

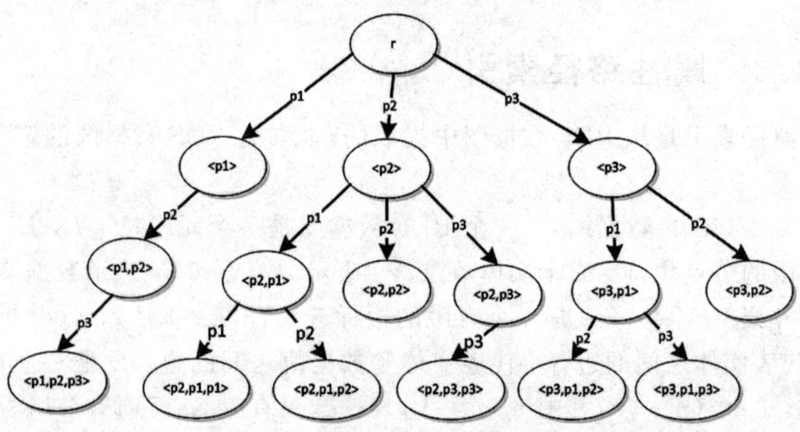

图 6.5　属性路径索引的前缀树

定义 6.3（入边属性路径）。入边属性路径是一个三元组谓语的序列，如果一条路径的终端节点是 n，则称这是一条 n 的入边属性路径。

例如，Q_9 中的"？ X ub：advisor ？ Y.？ Y ub：teacherOf ？ Z"联结，存在一条变量"？ Z"的入边属性路径，"ub：advisor → ub：teacherOf"。表 6.3 显示了图 6.4 中的属性路径索引指向的顶点列表，通过这样的顶点列表，可以将无用的中间节点先过滤掉，从而避免更多无必要的联结操作。例如，如果某一个 SPARQL 查询中存在联结，"？ n_1 p_1？ n_2.？ n_2. p_2？ n_3.？ n_3？ p_3？ n_4"，就可以通过找到属性路径"＜p_1，p_2，p_3＞"所包含的节点列表"v_8，v_9"，对结果集进行过滤，而不必进行大量中间结果集的合并。

表 6.3　属性路径索引指向的顶点列表

Length	Predicate path	Vertex lists
1	<p_1> <p_2> <p_3>	v_2, v_5, v_6, v_{10} v_2, v_3, v_7, v_9 $v_4, v_7, v_8, v_9, v_{10}, v_{11}$
2	<p_1, p_2> <p_2, p_1> <p_2, p_2> <p_2, p_3> <p_3, p_1> <p_3, p_2>	v_2, v_3, v_7 v_5 v_3 v_4, v_8, v_9 v_5 v_9
3	<p_1, p_2, p_3> <p_2, p_1, p_1> <p_2, p_1, p_2> <p_2, p_3, p_3> <p_3, p_1, p_2> <p_3, p_1, p_3>	v_8, v_9 v_6 v_7 v_{11} v_2, v_7 v_{10}

图 6.6 是第 6.2 节中的 SPARQL 查询实例在第二阶段的查询图，节点变量“?Z”有两个方向上的入边属性路径，“<advisor，teacherOf>”和“<takesCourse>”。本文通过找出每个方向上最长的入边属性路径来过滤中间结果，最后将这些属性路径遍历的结果集进行合并，如图 6.7 所示。

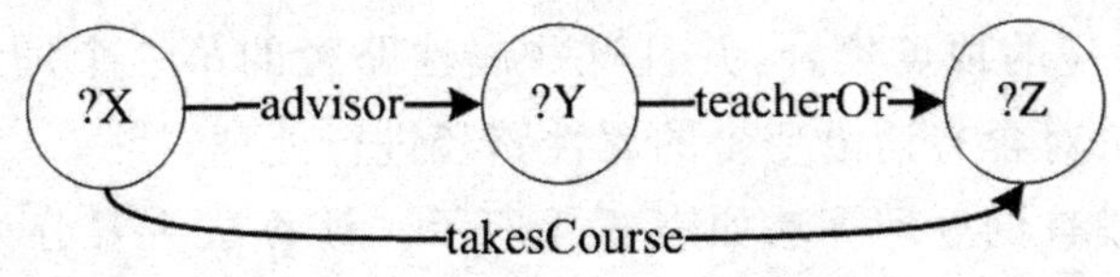

图 6.6　SPARQL 查询图

本书使用前缀树结构存储属性路径索引，前缀树中的每一节点有一个指向对应谓语路径的节点列表的指针。该属性路径索引结构与信息检索中的倒排索引有

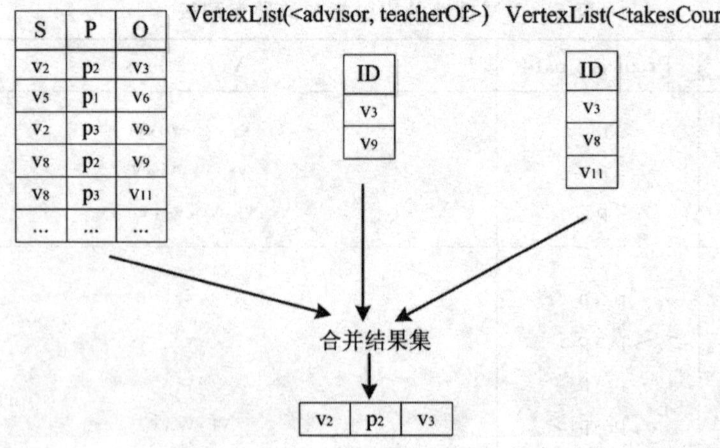

图 6.7　查询结果合并

些类似。每个入边属性路径可以看作是倒排索引的一个单词，节点列表相当于倒排索引中排序的文档 ID 号。属性路径索引中有大量重复的部分，如图 6.5 中所示，$<p_1, p_2, p_3>$，$<p_2, p_1, p_1>$，$<p_2, p_1, p_2>$，……，都包含 p_1，p_2，如果不采用前缀树存储，就需要更多的存储单元来存储重复的路径信息。因此，通过前缀树，对具有相同的谓语前缀，可以只存储一次，从而节省大量存储空间。通过属性路径索引可以快速找到指定属性路径对应的节点列表，从而起到过滤冗余节点的作用。对于属性路径的长度取值本书按经验值取最大值为 3。为了更好地对数据进行压缩存储，并不存储实际的节点 ID 号，而是代之以节点 ID 号差值。

当 SPARQL 查询中含有谓语为变量的联结的时候，如图 6.8 所示。一种方法是将所有包含该谓语变量的路径去掉，这样虽然比较简单，但会限制属性路径过滤的能力。另一种方法是把谓语变量当作一个特殊的谓语处理，用 p_v 代替，有点像通配符"?"，本文这里表示谓语。例如，在图 6.8 中，顶点"? v_4"的所有入边属性路径为$\langle p_1, p_v \rangle$，$\langle p_2 \rangle$，$\langle p_v \rangle$，将"? p"用 p_v 代替，其中，VertexList(p_1，p_v)是谓语路径 $p_1 \rightarrow p_v$ 对应的顶点集合，并且这些属性路径的第一个谓语必须是 p_1。本书采用第二种方法对含有谓语变量的属性路径进行处理。

本书的两阶段查询处理算法如表 6.4 所示。该算法主要分为三个步骤，第一步，将输入的 SPARQL 查询进行分析并分块（步骤 1－2）；第二步，对于块内的每个形如（? S，P，O）的三元组模式，利用选择度函数 getVariableSelectivity 进行过滤（步骤 3－5），在该阶段内利用选择度函数将对形式为（? S，P，O）的联结进行了重新排序，先执行当前查询模式中联结代价最小的查询模式，尽可能地降低在查询

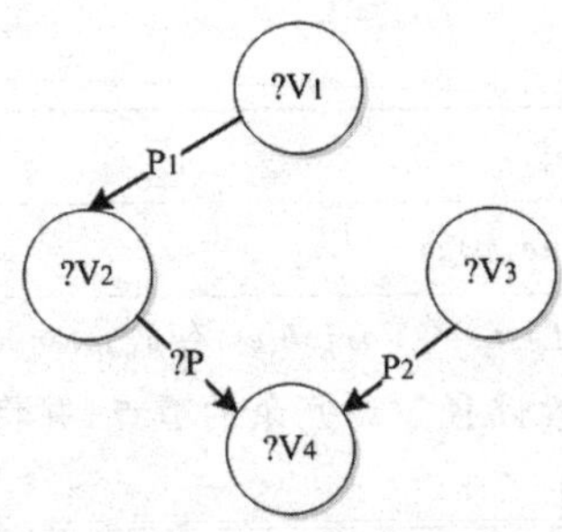

图 6.8　含有谓语变量的 SPARQL 查询

过程中产生的中间结果的数量；第三步，对剩余的三元组利用属性路径索引 *Trie* 进行过滤(步骤 6－9)，这是第二轮的中间结果过滤，因为属性路径至少包含一个三元组模式，所以利用属性路径过滤能够比单个三元组模式过滤掉更多的中间结果，最后合并后的结果输出显示在步骤 10。

SPARQL 的联接结构类型一般分为星型结构、串型结构及混合结构类型等。本书分别从四个数据集 LUBM、YAGO2、SPARQL 基准数据集(SP2B)以及 DBpedia SPARQL 基准数据集(DBSPB)中挑选出以上这些类型的 SPARQL 查询进行比较实验，通过对所有类型的 SPARQL 查询的实验，来验证本书提出的两阶段算法的正确性及有效性。该算法的时间复杂度主要由步骤 6－步骤 9 决定，为 O$(n*(e)$，其中，n 为输入的 SPARQL 查询中变量的数量，$(e$ 为 SPARQL 查询中每个变量的平均入边数量。也就是说算法的时间受 SPARQL 查询中变量的数量以及变量的入边数量影响。

表 6.4　两阶段 SPARQL 查询优化算法

输入：SPARQL 查询 *queryStr*，属性路径前缀树 *Trie*；
输出：合并联结后的结果集 *Results*；
1 Parse *queryStr*；
2 Block *queryStr* into *n* blocks；//将所有的联结进行分块，含有公共变量的联结划分为一块；
3 **For** $i \leftarrow 0$ to $n-1$
4　Filter out joins with (? *s*,*p*,*o*) by getVariableSelectivity(queryStr. variable[*i*]) in order；//对每个分块中(? S,P,O)的联结利用选择度进行过滤；
5 **endFor**

续表

For each variable $v \in Variables$
$filterList \leftarrow getVertexList(Trie, v)$;
Combine *Results* using *filterList*; //*Variables* 存放 *queryStr* 中的所有变量，通过前缀树 *Trie*，用每个变量的最长入边属性路径过滤冗余的节点，并将过滤后的结果集 *Results* 进行合并；
endFor
Output *Results*;

6.4 实验评估

本书使用公开数据集 LUBM、YAGO2、SPARQL 基准数据集(SP2B)及 DBpedia SPARQL 基准数据集(DBSPB)。开源的 RDF－3X 系统(0.3.5 版本)、TripleBit 被用来做比较实验。通过 LUBM 的 generator，本文产生了 10,000 个大学的 LUBM 数据集。表 6.5 是这四个数据集的统计信息。其中，YAGO2 包含 94 个谓语，LUBM 及 SP2B 分别包含 17、77 个谓语，而 DBSPB 包含 39,675 个谓语。因为 DBSPB 是多个领域数据集的合并，YAGO2 是一个异构数据集 Wordnet 和 Wikipedia 的合并，而 LUBM 和 SP2B 则是关于同类领域关系的描述。表 6.6 显示了最大长度为 3 的属性路径索引大小的信息，包括属性路径索引指向的节点数量以及整个索引的大小。因为 LUBM 数据集具有相对单一结构化的模式特点，所以包含较少的节点。

表 6.5　数据集的统计信息

数据集	谓语数量	三元组个数	大小(GB)
YAGO2	94	195,948,254	7.8
LUBM	17	1,243,781,345	72
DBSPB	39,675	183,000,000	25
SP2B	77	1,399,000,000	123

表 6.6　属性路径索引大小(最大长度为 3)

	Yago2	LUBM	DBSPB	SP2B
The number of vertex list (#)	24,977	132	145,157	120,065
Size(GB)	0.78	1.45	7.03	23.86

本书使用 LUBM 数据集基准查询中的前 9 个查询 Q_1-Q_9 进行比较实验。表 6.7 和 6.8 显示了两种方法对查询 Q_1-Q_9 产生的中间结果数量。通过比较，无论是简单结构查询还是复杂结构查询如 Q_2 和 Q_9，本文方法都比 RDF－3X 方法产生了更少的中间结果。在查询 Q_1 与 Q_5 上，本文与 TripleBit 方法产生的中间结果数量比较接近，因为没有找到可过滤的属性路径索引。在未来工作中会尝试不断更新属性路径索引。从 YAGO2 数据集中，挑选属性路径长度为 3～7 的查询各 10 个，计算平均查询执行时间和中间结果的数量。

表 6.7　查询 Q_1-Q_5 在 LUBM 数据集上产生的中间结果数量

	Q_1	Q_2	Q_3	Q_4	Q_5
RDF－3X	392,688,864	424,747,108	334,234,879	245,123,469	575,821,432
Two－phase	212,452,134	234,876,678	301,567,121	135,877,334	376,223,562
TripleBit	212,404,452	372,245,356	313,458,135	148,356,765	376,278,263

表 6.8　查询 Q_6-Q_9 在 LUBM 数据集上产生的中间结果数量

	Q_6	Q_7	Q_8	Q_9
RDF－3X	659,738,158	543,786,113	380,103,352	667,922,234
Two－phase	415,234,133	324,455,729	145,235,246	576,245,458
TripleBit	455,673,778	362,135,567	208,356,113	621,472,876

图 6.9 显示了平均执行时间和中间结果的数量随着属性路径长度变化的情况。本文与 RDF－3X 和 TripleBit 方法进行了对比，从图 6.9 可以发现除了属性路径长度为 3 的时候，本书所提方法的执行时间和中间结果数量整体上都要低于 RDF－3X 方法，而且执行时间和中间结果数量随着属性路径长度变化增加缓慢。本书发现图 6.9 中本文实现的两阶段方法、RDF－3X 及 TripleBit 方法的执行时间曲线都随着属性路径长度的增加而上升。本书方法虽然不是整体上都超过了 TripleBit 方法，如图 6.9 所示在路径长度为 3、4 时，本书方法与 TripleBit 方法的曲

线非常接近,但本文的执行时间曲线比方法 RDF－3X 和 TripleBit 都平滑。TripleBit 每次选择最小的选择性变量所对应的查询模式执行,通过这个来降低在查询过程中的中间结果集的大小,TripleBit 性能降低的主要原因是查询中包含更多联结或者访问更多选择度索引块。所以,对于属性路径长度较小的查询,本书方法与 TripleBit 方法过滤效果相近;对于属性路径较长的查询,本书方法更优于 TripleBit 方法。

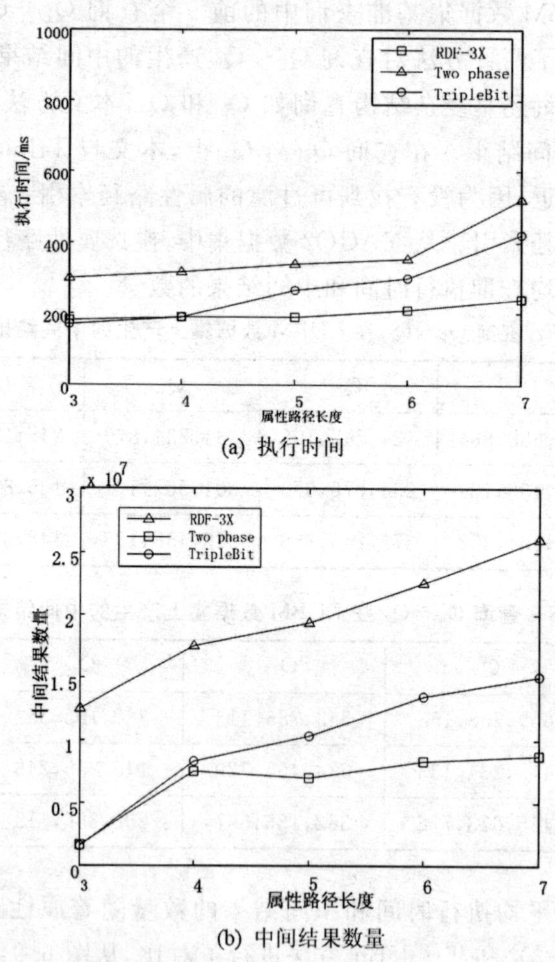

图 6.9　YAGO2 **的执行对比结果,执行时间** (a),**中间结果数量** (b)

为了验证本书方法适用于各种不同的 RDF 数据集,对数据集 DBSPB 和 SP2B 分别构建查询 $Q_{10}-Q_{13}$ 和 $Q_{14}-Q_{17}$,显示在表 6.9 中。这些查询都有 4～5 次的联结次数并且有较长的属性路径。查询的执行时间分别显示在图 6.10a 和 6.10b 中。本书发现除了查询 Q_{10} 与 Q_{17} 外,本文方法在这两个数据集上实现的查询执行时间都优于 RDF－3X 与 TripleBit 方法。表 6.9 中的查询 Q_{11}、Q_{12}、Q_{13}、Q_{15}、Q_{14} 及 Q_{16} 在执行时间上显著地少于 RDF－3X 与 TripleBit 方法，主要原因是本书方法通过最长属性路径索引过滤掉大量无用的中间结果，TripleBit 方法对于联结比较多的查询需要动态的计算最优选择性的三元组模式并且需要访问更多的索引块。不过，对于查询 Q_{10} 与 Q_{17}，虽然没有 TripleBit 方法执行效率高，但是相差不大。没有超过的原因是在前缀树索引结构中没有找到可过滤的属性路径。

表 6.9　数据集 DBSPB 和 SP2B 上的 SPARQL 查询

PREFIX rdf：<http://www.w3.org/1999/02/22－rdf－syntax－ns＃> PREFIX dbpprop：http://dbpedia.org/property/ PREFIX rdfs：<http://www.w3.org/2000/01/rdf－schema＃> PREFIX dbpowl：http://dbpedia.org/ontology/ PREFIX geo：http：//www.w3.org/2003/01/geo/wgs84_pos＃ PREFIX foaf：http：//xmlns.com/foaf/0.1/ PREFIX dc：<http：//purl.org/dc/elements/1.1/> PREFIX dcterms：http://purl.org/dc/terms/ PREFIX bench：http://localhost/vocabulary/bench/ PREFIX swrc：<http://swrc.ontoware.org/ontology＃>	
SPARQL 查询	
Q_{10}	SELECT ? a ? b ? c ? d ? e ? f ? g ? h ? i ? j WHERE{? a dbpprop:ground ? b. ? a foaf:homepage ? c. ? b rdf:type ? v8. ? d rdfs:label ? e. ? d dbpowl:postalCode ? f. ? d geo:lat ? g. ? d geo:long ? h. ? b dbpowl:location ? d. ? b foaf:homepage ? i. ? j dbpprop:clubs ? a}
Q_{11}	SELECT ? a ? b ? c ? d ? e ? f ? j ? k WHERE{? a rdf:type dbpowl:Person. ? a dbpprop:name ? c. ? e rdfs:label ? f. ? a dbpprop:placeOfBirth ? d. ? e dbpprop:isbn ? g. ? e dbpprop:author ? a. ? j dbpprop:author ? k. ? k rdfs:label ? b. ? e dbpprop:precededBy ? j. ? k dbpprop:name ? c. ? k dbpprop:placeOfBirth ? d}

续表

Q_{12}	SELECT ? a ? b ? c ? d ? e ? f WHERE{? a dbpprop:nationality ? b. ? a rdfs:label ? c. ? a rdf:type ? e. ? b rdfs:label ? d. ? b rdf:type ? e. ? b dbpprop:name ? f}
Q_{13}	SELECT ? a ? b ? c ? d ? e ? f ? g ? h ? i WHERE{? a foaf:name ? b. ? a rdfs:comment ? c. ? a rdf:type ? d. ? a dbpprop:series ? e. ? e dbpowl:starring ? f. ? f rdf:type ? i. ? g dbpowl:starring ? f. ? h dbpowl:previousWork ? g}
Q_{14}	SELECT ? a ? b ? c ? d ? e ? f ? g ? h ? i ? j WHERE{? a dcterms:references ? b. ? a a bench:Inproceedings. ? b rdf:_1 ? c. ? b rdf:_2 ? d. ? c dcterms:references ? e. ? e rdf:_1 ? f. ? e rdf:_2 ? g. ? d dcterms:references ? h. ? h rdf:_1 ? i. ? h rdf:_2 ? j}
Q_{15}	SELECT ? a ? b ? c WHERE{? a swrc:editor ? b. ? c dc:creator ? b. ? c dcterms:partOf ? a}
Q_{16}	SELECT ? a ? b ? c ? d ? e ? f ? g WHERE{? a dc:creator ? b. ? b foaf:name ? c. ? a dc:title ? d. ? a bench:abstract ? e. ? a dcterms:references ? f. ? f rdf:_50 ? g}
Q_{17}	SELECT ? a ? b ? c ? d ? e ? f ? g WHERE{? a swrc:editor ? b. ? c swrc:editor ? b. ? b foaf:name ? d. ? a dc:creator ? b. ? a dc:title ? e. ? a dcterms:references ? f. ? f rdf:_10 ? g}

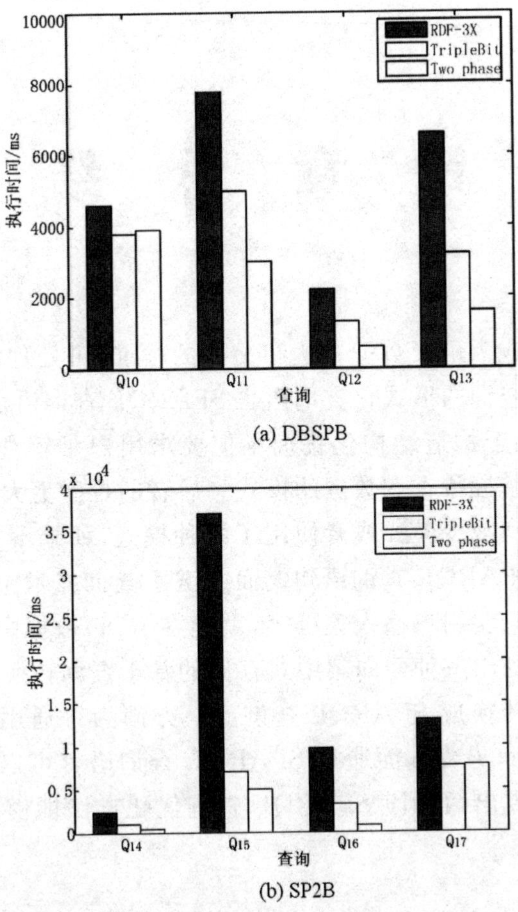

图 6.10　查询执行时间,DBSPB(a),SP2B(b)

6.5　本章小结

本章提出了一种两阶段的 SPARQL 查询处理方法,一方面通过选择度计算找出联结数最小的联结,另一方面利用属性路径索引过滤掉冗余中间结果。虽然该属性路径索引的存储耗费了一定的存储空间,不过利用空间换时间的思想,大大提高了 SPARQL 查询的执行效率。另外,通过在不同的数据集上的实验验证了本书方法对中间结果的过滤是可行的,而且是非常有效的。

第7章 总 结

自从RDF已经成为语义数据表达和交换的标准，可处理的RDF数据越来越多。支持RDF数据查询的形式化查询语言SPARQL查询语言对普通用户而言仍然过于复杂。原因在于构造结构化查询不但要求用户了解查询语言的语法和语义，还要求用户必须掌握待查询数据的模式。后者的难度更大，因为在万维网环境下很多RDF数据本身缺少模式或者使用了多种模式，如果不了解这些模式，用户很难构造出正确的SPARQL查询语句。而关键字查询技术主要是为普通用户提供简单的查询方式，只要用户输入关键字，就能在RDF数据中查找符合用户要求的数据。因此，本书提出三种面向集中式存储的基于查询转换的RDF关键字查询方法，将关键字查询转换成SPARQL查询。一方面为普通用户提供了一个查询RDF数据的友好界面，另一方面通过SPARQL查询语言可以获得一个较好的查询性能。另外，本书提出两阶段SPARQL查询优化方法能够对生成的SPARQL查询进行处理。

7.1 本书的主要贡献与结论

本书具体的贡献和结论总结如下：

(1)提出了一种基于压缩实体摘要图的RDF数据关键字查询方法，将表示查询变量关系的实体之间关系从RDF数据中提炼出来，构建压缩实体摘要图，并通过在该摘要图上建立向前、向后搜索索引以提高*top-k*子图的查询效率。该方法支持对RDF三元组中出现的谓语(属性)和宾语(关键字)进行的查询。

(2)提出了一种基于实体类型关系摘要的RDF数据关键字查询方法。总结归纳出实体类型之间的关系，并建立实体类型关系的摘要索引，利用目标语言

SPARQL 1.1 的属性路径操作符可选操作符“|”来合并多边属性(谓语)。该摘要索引作为关键字查询向 SPARQL 查询翻译的转换模型。实体类型之间的关系对应着 SPARQL 查询中变量之间的关系。在该转换模型上的通过图的广度优先算法(BFS)进行 *top-k* 子图的查询,最后利用现在的 SPARQL 搜索引擎执行产生的 SPARQL 查询。大量的对比实验验证了该方法在大规模的 RDF 数据集下,仍然能够获得好的查询效果。

(3)提出了利用多索引实现 RDF 数据关键字查询方法。首先,将表示查询变量关系的实体及实体之间关系提炼出来构建一个实体关系摘要图。在整个实体关系摘要图上搜索将会降低 *top-k* 子图的搜索性能。另外,只有关键字之间是相互靠近的答案才是包含有用信息的答案,也就是说好的答案应该在一个小的区域内范围内,关键字元素之间不应该相隔太远。因此,本书提出将该摘要图进行划分。用广度优选遍历算法将该摘要图划分为多个有重复区域的子块,本书称之为 r 半径领域。虽然有重复,但省去了建立块间索引的开销。在每个 r 半径领域内建立最短路径距离索引以及用于转换子图到 SPARQL 查询的最短属性路径索引。然后,利用事先构建的 r－半径领域索引、最短路径距离索引以及最短属性索引能够快速地找到每个 *top-k* 子图,从而实现了缩减搜索空间提高查询性能的目的。不过建立这三种索引消耗了一定的时间和空间。针对于本书提出的三种基于查询转换的 RDF 关键字查询方法,对他们用于转换关键字查询到 SPARQL 查询转换的摘要索引和关键字查询算法分别进行了比较、分析,并解释了每种方法更适用的场景。三种方法因为转换模型的不同,所以实现的搜索算法也不相同。

(4)提出一种两阶段的 SPARQL 查询优化方法可以对产生的 SPARQL 查询进行处理。在第一阶段将输入的 SPARQL 查询按所含有的公共变量进行分块,每块内的三元组联结通过选择度计算重新排序。在第二阶段将剩下的联结利用属性路径索引过滤掉冗余节点。实验证明该方法能够有效地减少查询联结过程中产生的中间结果数量,从而提高了查询的执行效率。

7.2　未来工作

未来,在不断发展的语义网技术的推动下,RDF 数据的规模必然越来越大,面向海量 RDF 数据的关键字查询问题依然会是一个具有挑战性的前沿课题。如何对大规模的 RDF 数据进行存储和索引，并且还能有效地更新和维护索引是未来的研究工作之一，这里的索引主要是用于定位关键字到相应实体的关键字索引、用于关键字查询向 SPARQL 查询转换的摘要索引以及用于实现 *top-k* 搜索的辅助索引结构等。

语义查询已经吸引了越来越多人的注意，所以如何能更理解普通用户的真正查询意图，更准确地表达用户要进行的 SPARQL 查询，即将本书的 RDF 数据关键字查询与语义查询相结合，也将是本书未来想要进行的研究。本书处理的关键字查询是搜索包含所有关键字的 *top-k* 子图，但是有的时候匹配部分关键字的答案对于某些用户来说也是有一定用处的，如果允许这样的部分匹配查询就会返回更多的答案，对查询性能也会有一定的影响。未来，考虑支持具有逻辑运算符"AND""OR"以及"NOT"的部分匹配查询，以便于更确切地反映用户的查询意图。

在关键字查询向 SPARQL 查询构建的查询图中，本书计划支持包含更多 SPARQL 查询模式的查询转换，不仅仅是简单图模式的 SPARQL 查询，还包括具有 FILTER 子句以及具有其他查询模式的 SPARQL 子句的查询转换。

参考文献

[1]Bemem. Lee T, Hendler J, Lassila O. The Semantic Web[J], Scientific American, 2001, 284(5); 28—37.

[2]RDF model and syntax specification[EB/OL]. http://www. w3. org/TR/1999/REC—rdf—syntax—19990222/

[3]RDF concepts and abstract syntax[EB/OL]. http://www. w3. org/TR/rdf—concepts/

[4]W3C, Resource description framework (RDF): concepts and abstract syntax, in: G. Klyne, J. J. Carroll, B. McBride (Eds.), W3C Recommendation, 10 February 2004.

[5]W3C, OWL Web Ontology Language Reference[EB/OL], in: M. Dean, G. Schreiber (Eds.), W3C Recommendation, 2004, http://www. w3. org/TR/2004/REC—owl—ref—20040210/.

[6]Patel—Schneider P, Hayes B, Horrocks I. OWL Web Ontology Language Semantics and Abstract Syntax[S]. W3C, 2004.

[7]SPARQL[EB/OL]. http://www. w3. org/TR/rdf—sparql—query/

[8]Dubost K Herman I. State of the Semantic Web [EB/OL]. http://www. w3. org/2008/Talks/0307. Tokyo—IH, 2008. http://www. w3. org/TR/2004/REC—rdf—concepts—20040210/.

[9]IBM smart planet[EB/OL]. http://www. ibm. com/developerworks/cn/web/wa—aj—smartweb/index. html

[10]Mahdisoltani F, Biega J, and Suchanek F. Yago3: A knowledge base from multilingual wikipedias[C]. In CIDR, 2014.

[11]Lehmann J, Isele R, Jakob M, Jentzsch A, Kontokostas D, et al. Dbpedia - a large—scale, multilingual knowledge base extracted from Wikipedia

[J]. Semantic Web,6(2):167－195,2015.

[12]Bollacker K,Evans C,Paritosh P,Sturge T,and Taylor J. Freebase: a collaboratively created graph database for structuring human knowledge [C]. In SIGMOD,2008,1247－1250.

[13]Linking open data[EB/OL]. http://www. w3. org/wiki/SweoIG/TaskForces/CommunityProjects/LinkingOpenData

[14]Jagadish H,Chapman A,Elkiss A,Jayapandian M,Li Y,Nandi A,and Yu C. Making database systems usable[C]. In SIGMOD,2007,13－24.

[15]Pound J,Hudek A K,Ilyas I F,and Weddell G. Interpreting keyword queries over web knowledge bases[C]. In CIKM,2012:305－314.

[16]Zou L,Huang R,Wang H,Yu J X,He W and Zhao D. Natural language question answering over RDF: a graph data driven approach[C]. In SIGMOD,2014,313－324.

[17]Zeng K,Yang J,Wang H,Shao B,and Wang Z. A distributed graph engine for web scale RDF data[C]. PVLDB,2013,6(4):265－276.

[18]Zou L,? zsu M T,Chen L,Shen X,Huang R,and Zhao D. gstore: a graph－based sparql query engine[C]. VLDB J,2014,23(4):565－590.

[19]Gurajada S,Seufert S,Miliaraki I,and Theobald M. Triad: a distributed shared－nothingRDF engine based on asynchronous message passing [C]. In SIGMOD,2014,289－300.

[20]Shi J,Yao Y,Chen R,Chen H,and Li F. Fast and concurrent RDF queries with rdma－based distributed graph exploration[C]. In OSDI, 2016,317－332.

[21]杜方,陈跃国,杜小勇. RDF 数据查询处理技术综述[J]. 软件学报,2013, 24(6): 1222－1242.

[22]Harris S,Gibbins N. 3store: Efficient bulk RDF storage,In Proceedings of the 1st Int'l Workshop on Practical and Scalable Semantic Systems [C]. Sanibel Island: CEUR－WS Press,2003.

[23]Broekstra J,Kampman A,van Harmelen F. Sesame: A generic architecture for storing and querying RDF and RDF schema[C]. In Proceedings of the 1st Int'l Semantic Web Conf. (ISWC 2002),LNCS 2342,Sardinia: Springer－Verlag,2002,54－68.

[24]Garrison L,Stevens R,and Jocuns A. Efficient rdf storage and retrieval in jena2. Exploiting Hyperlinks[J]. 2004,51(2):35 - 43.

[25]Chen Y,Wang W,and Liu Z,Keyword－Based Search and Exploration on Databases[C]. In Proceedings of the 27th Int'l Conf. Data Eng. (ICDE),2011,1380－1383.

[26]Murray C,Alexander N,Das S,Eadon G,Ravada S. Oracle spatial resource description framework (RDF),10g Release2,2005.

[27]Lu J,Ma L,Zhang L,Brunner JS,Wang C,Pan Y,Yu Y. SOR: A practical system for ontology storage,reasoning and search[C]. In Proceedings of the 33rd Int'l Conf. on Very Large Data Bases (VLDB 2007), Austria: ACM Press,2007,1402－1405.

[28]Chu E,Baid A,Chen T,Doan AH,Naughton J. A relational approach to incrementally extracting and querying structure in unstructured data [C]. In Proceedings of the 33rd Int'l Conf. on Very Large Data Bases (VLDB 2007),Austria: ACM Press,2007,1045－1056.

[29]Carroll JJ,Dickinson I,Dollin C,Reynolds D,Seaborne A,Wilkinson K. Jena: Implementing the semantic Web recommendations[C]. In Proceedings of the 13th Int'l World Wide Web Conf. on Alternate Track Papers & Posters (WWW 2004),New York:ACM Press,2004,74－83.

[30]Abadi DJ,Marcus A,Madden SR,Hollenbach K. Scalable semantic Web data management using vertical partitioning[C]. In Proceedings of the 33rd Int'l Conf. on Very Large Data Bases (VLDB 2007),Austria: ACM Press,2007,411－422.

[31]Abadi DJ,Marcus A,Madden SR,Hollenbach K. Sw－Store: A vertically partitioned dbms for semantic Web data management[C]. The VLDB Journal,2009,18(2):385－406.

[32]Sidirourgos L,Goncalves R,Kersten M,Nes N,Manegold S. Column－Store support for rdf data management: Not all swans are white[C]. In Proceedings of the VLDB Endowments,2008,1(2):1553－1563.

[33]Neumann T,Weikum G. RDF－3X: A risc－style engine for RDF,In Proceedings of the VLDB Endowment,2008,1(1):647－659.

[34]Weiss C,Karras P,Bernstein A. Hexastore：Sextuple indexing for semantic Web data management[C]. In Proceedings of the VLDB Endowments,2008,1(1):1008－1019.

[35] Agrawal S, Chaudhuri S, and Das G. Dbxplorer：enabling keyword search over relational databases[C]. In SIGMOD,2002,627－627.

[36]Hristidis V and Papakonstantinou Y. Discover：Keyword search in relational databases[C]. In VLDB,2002,670－681.

[37]Luo Y,Lin X,Wang W,and Zhou X. Spark：top-k keyword query in relational databases[C]. In SIGMOD,2007,115－126.

[38]Tata S and Lohman G M. Sqak：doing more with keywords[C]. In SIGMOD,2008,889－902.

[39]Bergamaschi S,Domnori E,Guerra F,Trillo Lado R,and Velegrakis Y. Keyword search over relational databases：a metadata approach[C]. In SIGMOD,2011,565－576.

[40]Cohen S,Mamou J,Kanza Y,and Sagiv Y. Xsearch：A semantic search engine for xml[C]. In VLDB,2003,45－56.

[41]Guo L,Shao F,Botev C,and Shanmugasundaram J. Xrank：Ranked keyword search over xml documents[C]. In SIGMOD,2003,16－27.

[42]Xu Yand Papakonstantinou Y. Efficient keyword search for smallest lcas in xml databases[C]. In SIGMOD,2005,527－538.

[43]Sun C,Chan C Y,and Goenka A K,Multiway SLCA－based Keyword Search in XML Data[C]. In Proceedings of the 16th Int'l Conf. World Wide Web (WWW),2007,1043－1052.

[44]Chen Y,Wang W,Liu Z,and Lin X. Keyword search on structured and semi－structured data[C]. In ACM Sigmod International Conference on Management of Data,2009,1005－1010.

[45]Wang H,Zhang K,Liu Q,Tran T,Yu Y：Q2Semantic：a lightweight keyword interface to semantic search[C]. In European Semantic Web Conference on the Semantic Web：Research and Applications,Springer－Verlag,2008,5021:584－598.

[46]Yang S,Wu Y,Sun H,Yan X. Schemaless and structureless graph querying[C]. Proceedings of the VLDB Endowment, 2014, 7(7): 565

- 576.

[47]Haye J,Guti? rrez C. Bipartite graphs as intermediate model for RDF [J]. Lecture Notes in Computer Science,2004,3298:47—61.

[48]B? nstr? m V,Hinze A,Schweppe H. Storing RDF as a graph[C]. In Proceedings of the 1st Latin American Web Congress,Sanitago: IEEE Computer Society,2003,27—36.

[49]Udrea O,Pugliese A,Subrahmanian VS. Grin: A graph based RDF index[C]. In Proceedings of the 23rd AAAI Conf. on Artificial Intelligence,Vancouver: AAAI Press,2007,1465—1470.

[50]Tran T,Ladwig G. Structure index for RDF data[C]. In Proceedings of the Workshop on Semantic Data Management,Singapore: CEUR—WS Press,2010,20—25.

[51]He H,Wang HX,Yang J,Yu PS. Blinks: Ranked keyword searches on graphs[C]. In Proceedings of ACM SIGMOD international conference on Management of Data,Beijing: ACM Press,2007,305—316.

[52]Li HY,Qu YZ. A Keyword query approach on RDF data[J]. Journal of Southeast University (Natural Science Edition),2012,40(2):270—274.

[53]Li GL,Ooi BC,Feng JH,Wang JY,Zhou LZ. EASE: An effective 3 in 1 keyword search method for unstructured,Semi—Structured and structured data[C]. In Proceedings of ACM SIGMOD Int'l Conf. on Management of Data,Vancouver: ACM Press,2008,903—914.

[54]Li HY,Qu YZ. KREAG: Keyword query approach over RDF data based on entity—triple association graph[J]. Chinese Journal of Computers, 2011,34(5):825—835.

[55]Qin L,Yu J X,Chang L,and Tao Y. Querying communities in relational databases[C]. In ICDE,2009,724—735.

[56]Reich G and Widmayer P. Beyond steiner's problem: A vlsi oriented generalization[J]. In Graph—theoretic concepts in computer science,pages 196—210,1990.

[57]Oh J,Pyo I,Pedram M. Constructing minimal spanning/Steiner trees with bounded path length [J]. Integration,the VLSI Journal,1997,22(1—2): 137—163.

[58]Zelikovsky A. A Series of Approximation Algorithms for the Acyclic Directed Steiner Tree Problem[J]. Algorithmica. New York,1997,18(1):99—110.

[59]Chafikar M,Chekuri C,Cheung T,et a1. Approximation algorithms for directed Steiner problems[C]. In Proceedings of the Annual ACM—SIAM Symposium on Discrete Algorithms. 1998,192—200.

[60]Hsieh M,Wu E,Tsai M. FasterDSP:A faster appr0Ximation algorithm for directed steiner tree problem[J]. Journal of Information Science and Engineering,2006,22(6):1409—1425.

[61]Halperin E,Kortsarz G Krauthgamer R et a1. Integrality ratio for group steiner trees and directed Steiner trees[J]. SIAM Journal on Computing,2006,36(5):1494—1511.

[62]Chakraverty S,Batra A,Rathi A. Directed convergence heuristic:A fast&novel approach to steiner tree construction[C]. In:Proc. of Intemational Conference on VeI),Large Scale Integration and System—on—Chip,2006,255—260.

[63]Chekufi C,Even G Kortsarz G A greedy approximation algorithm for the group Steiner problem[J]. Discrete Applied Mathematics,2006,154(1):15—34.

[64]Bhalotia G,Hulgeri A,Nakhe C,Chakrabarti S,and Sudarshan S. Keyword searching and browsing in databases using banks[C]. In ICDE,2002,431—440.

[65]Kacholia V,Pandit S,Chakrabarti S,Sudarshan S,Desai R,and Karambelkar H. Bidirectional expansion for keyword search on graph databases[C]. In VLDB,2005,505—516.

[66]Ding B,Xu Y J,Wang S,Qin L,Zhang X,and Lin X. Finding top-k min—cost connected trees in databases[C]. In ICDE,2007,836—845.

[67]Gkirtzou K,Papastefanatos G,and Dalamagas T. RDF keyword search based on keywords—to—SPARQL translation[C]. In the First International Workshop on Novel Web Search Interface and Systems (NWSearch'15),2015,3—5.

[68]Ladwig G and Tran T. Combining Query Translation with Query An-

swering for Efficient Keyword Search[C]. International Conference on the Semantic Web: Research and Applications,2010,288—303.

[69]Zhou Q, Wang C, Xiong M, Wang H, Yu Y. SPARK: Adapting Keyword Query to Semantic Search[C]. International the Semantic Web and Asian Conference on Asian Semantic Web Conference,2007,4825: 694—707.

[70]Tran T,Wang H,Rudolph S,and Cimiano P. top-k exploration of query candidates for efficient keyword search on graph—shaped (RDF) data [C]. In IEEE International Conference on Data Engineering,2009,405—416.

[71]Zenz G, Zhou X, WolfSiberski E, and Nejdl W. From keywords to semantic queries—incremental query construction on the semantic web [J]. Journal of Web Semantics,2009,7(3): 166—176.

[72]Pound J, Hudek A K, Ilyas I F, and Weddell G. Interpreting keyword queries over web knowledge bases[C]. In CIKM,2012,305—314.

[73]Stuckenschmidt H, Vdovjak R, Houben GJ, Broekstra J. Index structures and algorithms for querying distributed RDF repositories[C]. In Proceedings of the 13th Int'l Conf. on World Wide Web, New York: ACM Press,2004,631—639.

[74]Harth A,Umbrich J,Hogan A,Decker S. Yars2: A federated repository for querying graph structured data from the Web[C]. In Proceedings of the 6th Int'l Semantic Web Conf., 2nd Asian Semantic Web Conf. LNCS 4825,Busan: Springer—Verlag,2007,211—224.

[75]Matono A,Pahlevi SM,Kojima I. RDFCube: A P2P—based three—dimensional index for structural joins on distributed triple stores[C]. In Proceedings of the Int'l Workshops on Databases, Information Systems,and Peer—to—Peer Computing. LNCS 4125, Trondheim, Seoul: Springer—Verlag,2007,323—330.

[76]Kaoudi Z,Manolescu I. RDF in the clouds: a survey[J]. VLDB Journal, 2015,24(1):67—91.

[77]Huang JW,Abadi DJ,Ren K. Scalable SPARQL querying of large RDF graphs[C]. In Proceedings of the VLDB Endowment,2011,4(11): 1123

—1134.

[78]Tran T, Wang HF, Haase P. Search Web DB: Data Web search on a pay—as—you—go integration infrastructure[J]. Journal of Web Semantics, 2009, 7(1): 189—203.

[79]Guéret C, Kotoulas S, Groth PT. TripleCloud: An infrastructure for exploratory querying over Web—scale RDF data[C]. In Proceedings of the 2011 IEEE/WIC/ACM Int'l Joint Conf. on Web Intelligence and Intelligent Agent Technology—Workshops (WI—IAT 2011), Lyon: IEEE Computer Society, 2011, 245—248.

[80]Ruckhaus E, Ruiz E, Vidal ME. OnEQL: An ontology efficient query language engine for the semantic Web[C]. In Proceedings of the Workshop on Applications of Logic Programming to the Web, Semantic Web and Semantic Web Services, Porto: CEUR—WS Press, 2007.

[81]Punnoose R, Crainiceanu A, Rapp D. Rya: a scalable RDF triple store for the clouds[C]. In Workshop on Cloud Intelligence ACM, 2012, 1—8.

[82]Husain MF, McGlothlin J, Masud MM, Khan LR, Thuraisingham B. Heuristics—Based query processing for large RDF graphs using cloud computing[J]. IEEE Trans. on Knowledge and Data Engineering, 2011, 23(9): 1312—1327.

[83]Kotoulas S, Urbani J. SPARQL query answering on a sharednothing architecture workshop on semantic data management[C]. In Proceedings of the Workshop on Semantic Data Management, 36th Int'l Conf. on Very Large Data Bases, Singapore: CEUR—WS Press, 2010.

[84]Bemers. Lee T, Fielding R, Masinter L. RFC 3986. Uniform Resource Identifier (URI): Generic Syntax, The Internet Society, 2005.

[85]Klyne G, Carroll J. Resource description framework (RDF): concepts and abstract syntax [EB/OL]. (2004—02—10) [2015—09—02]. http://www. w3. org/TR/2004/REC—rdf—concepts—20040210/

[86]Beckett D. 2004. RDF/XML Syntax Specification (Revised) [EB/OL]. W3C recommendation. http://www. w3. org/TR/REC—rdf—syntax/ [2004—2—10].

[87]Prud'hommeaux E,Carothers G. 2014. RDF 1.1 Turtle[EB/OL]. W3C Recommendation. http://www.w3.org/TR/turtle/[2014-2-25].

[88]Adida B,Birbeck M,McCarron S,et al. 2013. RDF a Core 1.1-Second Edition [EB/OL]. W3C Recommendation. http://www.w3.org/TR/rdfa-core/[2013-8-22].

[89]Brickley D,Guha R V. 2014. RDF schema 1.1[EB/OL]. W3C Recommendation. http://www.w3.org/TR/rdf-schema/[2014-02-25].

[90]Prud'hommeaux E and Seaborne A. W3C. SPARQL 1.1 overview [EB/OL]. http:// www.w3.org/TR/2013/REC-sparql11-overview-20130321/,21 March 2013.

[91]Le W,Li F,Kementsietsidis A,and Duan S. Scalable keyword search on large RDF data[J]. IEEE Transactions on Knowledge and Data Engineering,2014,26(11):2774-2788.

[92]Deng D,Li G,and Feng J. An efficient trie-based method for approximate entity extraction with edit-distance constraints[C]. In ICDE, 2012,762-773.

[93]Li G,Deng D,and Feng J. Faerie: efficient filtering algorithms for approximate dictionary-based entity extraction[C]. In SIGMOD,2011, 529-540

[94]Han X and Sun L. A generative entity-mention model for linking entities with knowledge base [C]. In ACL,2011,945 - 954

[95]Ratinov L,Roth D,Downey D,and Anderson M. Local and global algorithms for disambiguation to Wikipedia[C]. In ACL,2011,1375-1384

[96]Fellbaum C. WordNet,an electronic lexical database,MIT Press,1998.

[97]Kargar M and An A. Keyword search in graphs: finding r-cliques[C]. In Proceedings of the VLDB Endowment,4(10):681 - 692,2011.

[98]Heflin J. SWAT Projects-the Lehigh University Benchmark (LUBM) [EB/OL].[2015-05]. http://swat.cse.lehigh.edu/projects/lubm/

[99]http://dblp.uni-trier.de/xml/

[100]Garrison L,Stevens R,and Jocuns A. Efficient rdf storage and retrieval in jena2[J]. Exploiting Hyperlinks,2004,51(2):35-43.

[101]Neumann T and Weikum G. Rdf-3x: a risc-style engine for rdf[C].

In Proceedings of the VLDB Endowment,2008,1(1):647 659.
[102]Chong E I,Das S,Eadon G,and Srinivasan J. An efficient sql－based RDF querying scheme[C]. In VLDB,2005,1216 - 1227.
[103]Wilkinson K,Sayers C,Kuno H A,and Reynolds D. Efficient RDF storage and retrieval in jena2 [C]. In SWDB,2003,31－150.
[104]Neumann T and Weikum G. The RDF－3X engine for scalable management of RDF data[J]. VLDB J,2010,19(1):91－113.
[105]Neumann T and Weikum G. X－RDF－3X: Fast querying,high update rates,and consistency for RDF databases[C]. PVLDB,2010,1(1):256－263.
[106]Kim K,Moon B,Kim H J. R3F: RDF triple filtering method for efficient SPARQL query processing[J]. World Wide Web,2015,18(2):317－357.
[107]Yuan P,Xie C,Jin H,et al. Dynamic and fast processing of queries on large－scale RDF data. Knowledge and Information Systems[J]. 2014,41(2):311－334.
[108]Ahn J,Eom J H,Nam S,et al. xStore: Federated temporal query processing for large scale RDF triples on a cloud environment[J]. Neurocomputing,2017,256:5－12.
[109]Peng P,Zou L,? zsu M T,et al. Processing SPARQL queries over distributed RDF graphs[C]. VLDB Journal,2014,25(2):243－268.
[110]Ahn J,Im D H,Kim H G. SigMR: MapReduce－based SPARQL query processing by signature encoding and multi－way join,Journal of Supercomputing[J]. 2015,71(10):3695－3725.
[111]Yuan P,Liu P,Wu B,et al. TripleBit: a fast and compact system for large scale RDF data[C]. In Proceedings of the VLDB Endowment,2013,6(7):517－528.
[112]王晓方,杜小勇,陈跃国,等. 基于自适应模式的 SPARQL 查询与优化[J]. 计算机研究与发展,2010,47(S1):43－47.
[113]Schmit M,Meier M,Lausen G. Foundations of SPARQL Query Optimization[C]. In Proceedings of the 13th International Conference on Database Theory (ICDT2010),Switzerland,2010,2－25.

[114]Kim K,Moon B,Kim H J. RG－index：An RDF graph index for efficient SPARQL query processing[J]. Expert Systems with Applications,2014,41(10):4596－4607.

[115]董书暕,汪璟玢. HMSST：一种高效的 SPARQL 查询优化算法[J]. 计算机科学,2014,41(s2):323－326.

[116]SPARQL 1. 1 Query Language[EB/OL]. [2012－09－21]. http：//www. w3. org/TR/sparql11－query/.

[117]Schmidt M,Hornung T,Lausen G,Pinkel C. SP2Bench：a SPARQL performance benchmark[C]. In Proceedings of the 25th International Conference on Data Engineering,2009. 371－393.

[118]Morsey M,Lehmann J,Auer S,Ngomo A. C. N. DBpedia SPARQL benchmark performance assessment with real queries on real data[C]. In Proceedings of the 10th International Semantic Web Conference,2011,454－46.

[119]林晓庆,马宗民. 基于压缩实体摘要图的 RDF 数据关键词查询[J]. 东北大学学报(自然科学版),2017,38(1):22－26.

[120]Xiaoqing Lin,Zongmin Ma,Li Yan. RDF Keyword Search Using a Type－based Summary. Journal of Information Science and Engineering[J],2018,34(2):489－504.

[121]Xiaoqing Lin,Fu Zhang,DanlingWang,Jingwei Cheng. RDF keyword Search Using multiple indexes. Filomat[J],2018,32(5)：1861－1873.

[122]林晓庆,张富,程经纬. 最长属性路径过滤的 SPARQL 查询优化[J]. 计算机工程,44(11):7－13.

[123]Zongmin Ma,Xiaoqing Lin,Li Yan,Zhen Zhao. RDF Keyword Search by Query Computation. Journal of Database Management[J],2019,29(4):1－27.